上海市高校毕业生就业指导实务手册

2021年版

主　编　聂　清
副主编　陆　瑾　贺　利

上海大学出版社
·上海·

图书在版编目（CIP）数据

上海市高校毕业生就业指导实务手册：2021年版 / 聂清主编 .—上海：上海大学出版社，2022.1
ISBN 978-7-5671-4393-7

Ⅰ.①上… Ⅱ.①聂… Ⅲ.①大学生—就业—上海—手册 Ⅳ.① G647.38-62

中国版本图书馆 CIP 数据核字（2022）第 013009 号

责任编辑　刘　强
装帧设计　柯国富
技术编辑　金　鑫　钱宇坤

上海市高校毕业生就业指导实务手册（2021年版）
主　编　聂　清
副主编　陆　瑾　贺　利
出版发行　上海大学出版社
社　　址　上海市上大路99号
邮政编码　200444
网　　址　http://www.shupress.cn
发行热线　021-66135112
出 版 人　戴骏豪

印　　刷　上海东亚彩印有限公司
经　　销　各地新华书店
开　　本　787mm×1092mm　1/16
印　　张　8.75
字　　数　129千字
版　　次　2022年3月第1版
印　　次　2022年3月第1次
书　　号　ISBN 978-7-5671-4393-7/G·3431
定　　价　55.00元

版权所有　侵权必究
如发现本书有印装质量问题请与印刷厂质量科联系
联系电话：021-34536788

前 言

就业是最大的民生。高校毕业生就业是就业优先、教育优先、人才优先等国家战略的重要结合点，既是民生，更是国计。党中央、国务院高度重视高校毕业生就业创业工作，强调要把高校毕业生就业作为重中之重，促进更加充分更高质量就业。进入 2021 年，我国已正式开启全面建设社会主义现代化国家新征程，吹响进军第二个百年奋斗目标的号角，高等教育也已迈入普及化和高质量发展阶段，做好高校毕业生就业工作要站在新发展阶段准确把握新形势，聚焦新发展理念准确把握新方向，围绕新发展格局准确把握新要求。

面对错综复杂的国际形势，艰巨繁重的国内改革发展稳定任务，特别是新冠肺炎疫情的严重冲击，高校毕业生就业形势严峻，就业工作面临重大挑战。在此背景下，上海市认真贯彻落实党中央、国务院、教育部关于做好高校毕业生就业工作的重要决策部署，全市统一谋划、协同推进，不断强化政策支持，强化就业育人的指导思想，强化数据实证和应用，全力保障高校毕业生更加充分更高质量就业。2021 年 4 月市委副书记于绍良在上海高校毕业生就业工作推进会上提出了"五个更精准"工作要求，指明了进一步深化高校毕业生就业工作内涵、提高就业工作成效的努力方向。

上海大学是上海高校毕业生就业创业工作孵化基地，积极发挥先行先试、示范引领作用。特别是新冠肺炎疫情以来，上海大学秉持"以生为本、爱生如子"的情怀，快速响应、汇聚资源，进一步深化全员参与促就业机制，在实践中形成了聚焦打好"三张精准牌"的立体化工作格局：学校顶层设计"五个一""系统布局牌"，校院两级联动五份"清单责任牌"，分层分类指导五项"爱生如子牌"；制定了聚焦六个阶段的清晰化导航路线和聚焦六项任务的高质量突围攻略，努力探索深化上海高校毕业生就业工作内涵建设路径。

在2020—2021年基地建设任务中，上海大学在上海市教育委员会和上海市学生事务中心的指导和帮助下，承担编写了《上海市高校毕业生就业指导实务手册》，旨在帮助广大上海高校教师及毕业生就业工作者全面了解就业工作概况，提升就业工作队伍管理与服务水平，推动形成上海高校毕业生就业工作同心圆，将就业育人工作内涵落实落细落小到各个工作环节。

本手册内容主要包括毕业生就业相关概念、就业工作总览、主要就业项目与区域、求职基本方法、就业服务和权益、常见的就业指导问答六个方面，并根据上海高校毕业生就业特点对主要城市和国家主要经济区域就业政策进行了汇集整理，便于上海高校教师及就业工作者更加充分地掌握相关政策，指导毕业生做出适合国家需求与自身发展需要的就业选择。

本手册的编撰得到了上海交通大学、同济大学、华东理工大学、上海师范大学等上海高校就业部门的支持，在此特别表示感谢。同时，本校校院两级就业工作队伍在编撰过程中也得到了锻炼，长期奋斗在一线的学院就业联系人刘兵、彭红以及"上海高校毕业生就业工作优秀工作者"王佳寅、朱文妃参与整理前期素材，招生与毕业生就业工作办公室王卫忠进行了统稿，胥俊、吴方刚、张隽茂等对相关板块提供了积极建议。

毕业生就业是一项政策范围广、影响因素多的工作，在编写过程中难以面面俱到。真诚希望通过此番尝试和努力，为上海高校毕业生就业工作者提供一份参考，为促进上海高校毕业生更加充分更高质量就业贡献一份绵薄之力，为做好"六稳"工作、落实"六保"任务承担起高校责任！

本书编写组

2021年9月

目 录

第一部分　就业相关概念 / 1

　　一、毕业、结业与肄业 / 2

　　二、生源地 / 3

　　三、培养方式 / 4

　　四、毕业去向 / 4

　　五、就业推荐表 / 5

　　六、就业协议书 / 5

　　七、签约派遣、改派 / 6

　　八、就业报到证 / 6

　　九、劳动合同 / 7

　　十、户口迁移证 / 7

　　十一、调档函 / 8

第二部分　就业工作总览 / 9

　　一、毕业去向界定及标准 / 10

　　　　（一）就业 / 10

　　　　（二）升学 / 13

　　　　（三）未就业 / 13

二、毕业去向统计及要求 / 14

（一）统计对象 / 14

（二）统计指标 / 14

（三）报送时间 / 15

（三）核查监督 / 15

三、主要毕业去向落实月历 / 16

四、主要事务办理流程 / 21

（一）毕业生签约、解约手续的办理 / 21

（二）毕业生签约改派手续办理 / 22

（三）申请出国（境）留学流程 / 23

（四）攻读研究生去向及调档流程 / 24

（五）办理就业报到手续流程 / 25

（六）非上海生源进沪就业办理户籍审批或居住证 / 26

（七）人事档案转接 / 29

第三部分 主要就业项目与区域 / 31

一、政策类就业项目 / 32

（一）到村任职 / 32

（二）"三支一扶" / 34

（三）特岗教师 / 37

（四）西部计划 / 39

（五）应征入伍 / 40

（六）科研助理 / 43

二、其他就业方式 / 45

（一）选调生 / 45

（二）军队文职 / 46

（三）国际组织任职实习 / 47

（四）自主创业 / 49
　　（五）灵活就业 / 50

三、**主要就业区域** / 51
　　（一）上海地区 / 51
　　（二）其他地区 / 54

第四部分　求职基本方法 / 57

一、**信息渠道** / 58
　　（一）学校途径 / 58
　　（二）亲友途径 / 60
　　（三）雇主途径 / 60
　　（四）其他社会途径 / 61
　　（五）信息筛选与运用要注意的问题 / 62

二、**自荐材料** / 62
　　（一）求职信 / 63
　　（二）求职简历 / 64

三、**面试概览** / 67
　　（一）面试的形式和种类 / 67
　　（二）面试前的准备 / 67
　　（三）面试常见的十个问题 / 67
　　（四）面试考查能力要点 / 68
　　（五）面试注意事项 / 68
　　（六）几种有难度的面试 / 69

第五部分　就业服务和权益 / 70

一、**为毕业生提供就业服务的主要机构** / 71

（一）公共就业和人才服务机构 / 71

（二）高校毕业生就业指导机构 / 71

二、帮扶及资助政策 / 72

三、办理就业登记和失业登记，获得就业指导和服务 / 72

四、离校未就业毕业生可享受的服务和政策 / 73

五、就业权益保护的方法与途径 / 74

（一）增强维权意识，加强自我保护 / 74

（二）就业主管部门的监管与保护 / 75

（三）毕业生就业权益的救济途径 / 76

第六部分　常见的就业指导问答 / 77

一、毕业生就业需要做哪些准备？ / 78

二、签订三方协议应该注意的事项是什么？ / 79

三、签订就业协议书的权利、义务、责任包括什么？ / 79

四、户口如何转迁？ / 79

五、未就业的毕业生如何办理相关手续？ / 79

六、地方人才引进政策对毕业生就业有什么影响？ / 80

七、到用人单位报到需要带哪些材料？ / 80

八、毕业生档案一般包含哪些内容？ / 80

九、考研、保研的毕业生如何转迁档案？ / 81

十、出国留学的毕业生如何办理户口、档案？ / 81

十一、升学毕业生调整去向如何办理就业手续？ / 81

十二、定向生就业如何办理？ / 81

十三、就业协议解除有哪几种情况？ / 82

十四、就业协议书与劳动合同（广义）的区别？ / 82

十五、什么是试用期、服务期？ / 83

十六、什么是薪酬、保险？/ 84

十七、什么是人事代理制度？/ 86

十八、大学生初入职场有哪些需要注意的事项？/ 86

附录一　主要城市人才引进政策 / 88

一、非上海生源毕业生进沪就业工作政策 / 89

二、北京市引进非北京生源毕业生政策 / 91

三、深圳市接受非深圳户籍应届毕业生政策 / 94

四、杭州市引进非杭州生源毕业生政策 / 95

五、天津、西安、南京、武汉等新一线城市引进高校毕业生政策 / 97

附录二　就业相关政策 / 101

一、国家就业相关政策 / 102

二、各省市主要就业政策 / 103

附录三　主要表格样式（样张）/ 108

一、上海高校毕业生打印报到证申请表 / 109

二、报到证遗失情况证明表 / 111

三、毕业生生源上报确认表 / 112

四、毕业生信息勘误确认表 / 113

五、上海高校毕业生、毕业研究生就业协议书 / 114

六、高校毕业生就业报到证和通知书 / 115

七、户口迁移证 / 117

八、调档函 / 118

附录四　就业相关网站 / 120

　　一、各地高校毕业生就业信息网站 / 121

　　二、部分综合类招聘网站 / 125

附录五　上海市学生事务中心简介 / 127

第一部分 就业相关概念

一、毕业、结业与肄业

（一）毕业

《普通高等学校学生管理规定》（中华人民共和国教育部令第 41 号，2017 年 9 月 1 日起施行）第三十二条规定："学生在学校规定学习年限内，修完教育教学计划规定内容，成绩合格，达到学校毕业要求的，学校应当准予毕业，并在学生离校前发给毕业证书。符合学位授予条件的，学位授予单位应当颁发学位证书。学生提前完成教育教学计划规定内容，获得毕业所要求的学分，可以申请提前毕业。学生提前毕业的条件，由学校规定。"国家和上海市有关政策中提到的"毕业生"，一般特指列入国家统一招生计划、培养方式为"非定向"的普通高等学校、科研机构、中等专业学校的毕业生。定向、委培、成人教育、自学考试、远程教育等其他培养方式的毕业生及留学归国人员按有关政策执行。

（二）结业

《普通高等学校学生管理规定》第三十三条规定："学生在学校规定学习年限内，修完教育教学计划规定内容，但未达到学校毕业要求的，学校可以准予结业，发给结业证书。结业后是否可以补考、重修或者补作毕业设计、论文、答辩，以及是否颁发毕业证书、学位证书，由学校规定。

合格后颁发的毕业证书、学位证书，毕业时间、获得学位时间按发证日期填写。"

结业生离校前落实就业工作单位的，可以办理就业手续，但必须在就业报到证上注明"结业生"。

（三）肄业

《普通高等学校学生管理规定》第三十三条规定："对退学学生，学校应当发给肄业证书或者写实性学习证明。"在具体执行中，对退学学生、学满一年及以上的学校发给肄业证书，未满一年的发给写实性学习证明。肄业的本专科生，不负责为其办理就业手续，应办理退学手续离校。对退学的研究生，办理退学手续离校，如按已有毕业学历和就业政策可以就业的，由原毕业学历学校就业工作部门办理相关手续。

二、生源地

一般而言，生源地是指高考前常住户籍所在地。本专科生（含高职，下同）和研究生略有不同。

（一）本专科生的生源地

本专科生的生源地是指高考时的常住户口所在地，一般生源地是指参加高考的省市（自治区）。户籍不在该省市（自治区）的除外。

（二）研究生的生源地

攻读硕士或博士学位，入学前未间断学业，由本科起连续攻读的，其生源地确定按照本专科生生源地确定原则而定；入学前有过工作经历且已在工作单位所在地落户，其户口未迁入学校的，原则上以工作地为生源地，若读研时户口已迁入学校集体户，则需以落户地的政策为准。

三、培养方式

招生时,学生培养方式分为委培、定向、定向培养研究生、非定向。

(一)委培

委培一般为在职研究生的培养方式,也有脱产的,就业时要按照委培协议回原单位。

(二)定向

定向是指按照国家普通高等学校招生计划和研究生招生计划招收,已经确定了就业去向,毕业时要到当年国家计划招生时规定的定向地区(或单位)工作。

定向生计划是国家为保障民族地区、贫困落后和艰苦地区发展,以及部分单位获得优秀人才而采取的政策措施。按照教育部有关要求,各高校要加强定向生教育,严格履约管理,确保定向生计划的有效实施。

(三)定向培养研究生

定向培养研究生是指毕业后回原定向单位合同就业的培养方式,攻读期间可不转各种关系和材料。

(四)非定向

非定向是指在录取时不确定未来的工作单位和地区,毕业时就业实行"双向选择"。

四、毕业去向

毕业去向主要是指毕业生的就业状态,一般分为签约派遣、国内升学、出国出境、合同就业、定向委培在职、国家地方项目、灵活就业、未就业等形式（具体参见教育部及上海市相关规定）。

五、就业推荐表

毕业生就业推荐表是由毕业生所在高校就业主管部门统一设计，由学校正式向用人单位推荐毕业生的书面材料。发放对象是具有派遣资格的非定向毕业生，以及仅限定就业区域但无具体定向单位的定向生，如少数民族骨干计划毕业生。委培生、有具体定向单位的定向生、非国家计划内招收的毕业生，没有就业推荐表。

一般说来，就业推荐表有如下作用：

（1）就业推荐表是高校毕业生具有就业资格的证明文件，只有国家计划内招收的毕业生才有资格领取。

（2）就业推荐表是高校毕业生申请人事接收函、报考公务员等的必备资料。

（3）就业推荐表是学校向用人单位推荐毕业生的正式书面材料。

六、就业协议书

就业协议书（"普通高校毕业生就业协议书"或"普通高校毕业研究生就业协议书"的简称），是普通高等学校毕业生和用人单位在正式确立劳动人事关系前，经双向选择，在规定期限内就确立就业关系、明确双方权利和义务而达成的书面协议；是用人单位确认毕业生相关信息真实可靠及接收毕业生的重要凭据；是高校进行毕业生就业管理、编制就业方案及毕业生办理就业落户手续等有关事项的重要依据。

就业协议书最重要的作用是明确毕业生、用人单位、学校三方在毕业生就业工作中的权利和义务：

（1）毕业生按照就业协议书的内容，毕业后在规定的时间内到用人单位报到。

（2）用人单位为毕业生办理相应劳动手续。

（3）学校按照就业协议书内容审核并列入建议就业方案，报国家教育主管部门备案，并根据就业协议书内容办理就业手续和档案转移手续。

七、签约派遣、改派

（一）签约派遣

签约派遣是指毕业生落实单位签订就业协议书（录取的各省市机关有录用通知或接收函、应征入伍通知书，等同于签订就业协议书）。

（二）改派

改派是指在学校上报就业方案、教育行政主管部门核发就业报到证后，更换用人单位并换发就业报到证的做法。为维护就业方案的严肃性，保证签订协议后各方的权益，毕业生派遣后原则上不得改派。毕业生就业一年以后的调整，按在职流动人员有关规定办理，不属于教育部门受理范畴。

八、就业报到证

就业报到证是由教育部印制，教育部及省、自治区、直辖市高校毕业生调配部门签发的毕业生就业证件。就业报到证分上下两联，分别称为就业报到证（有色联）和就业通知书（白联），毕业生持就业报到证到单位报到，就业通知书归入毕业生人事档案。

就业报到证对毕业生非常重要，关系到毕业生的档案转递、干部身份、工龄计算等，同时也是接收单位安排毕业生工作、办理落户手续的依据。就业报到证是毕业生到接收单位报到的凭证，证明持证毕业生是纳入国家普通高等学校统一招生计划的学生；毕业生凭就业报到证办理毕业人事档案。

毕业生要妥善保管就业报到证，无论何种原因，凡自行涂改、撕毁的就业报到证一律作废。

毕业生在领取就业报到证后，应在规定的报到期限内到接收单位报到，倘若因某种原因不能按期报到，应通知接收单位，否则接收单位有权追究其责任。

两年内就业报到证丢失，应由毕业生本人出具"报到证遗失情况证明表"，学校出具"打印报到证申请表"，再到发证部门（上海市学生事务中心）申请补发新证。若超过两年期限，只能办理报到证已打印的证明。

九、劳动合同

所谓劳动合同，就是在市场经济体制下施行劳动合同制过程中，用人单位与劳动者依法进行双向选择，确定劳动关系，明确双方权利和义务而达成的书面协议，是保护劳动者合法权益的基本依据。

劳动合同一般应载明劳动合同期限、工作内容和工作地点、工作时间和休息休假、劳动报酬和劳动保险、劳动保护、劳动条件和职业危害防护、劳动合同终止、违反劳动合同的责任等条款，对双方当事人具有约束力。此外，事业单位在编人员目前签订的是聘用合同。

十、户口迁移证

户口迁移证是公民的户口所在地变动时，由原户口所在地迁往新落户地址的凭证，由户口迁出地的公安机关开具。持证人到达迁入地后，须在有效期内将户口迁移证交给户口登记机关申报入户。户口迁移证是公民在户口迁移过程中的重要凭证，因此公民在户口迁出后要妥善保管好户口迁移证，不得遗失、涂改及转借。若不慎将户口迁移证遗失，应立即报告户口迁出地户口登记机关，提出补办申请，否则无法办理落户手续。

十一、调档函

调档函是调入单位向拟调入人当前所在单位发出的调阅拟调入人个人人事档案的函件。

调档函有可能并未同意接收而先调档以待审批、核实或审阅，待审核合格后方同意接收。很多单位发的调档函也叫商调函。

第二部分
就业工作总览

一、毕业去向界定及标准

就业统计是高校毕业生就业工作的重要内容，对及时掌握毕业生就业进展、服务政府宏观调控和科学决策具有关键意义。高校毕业生毕业去向界定及标准是确保毕业生就业数据真实准确的基础。《教育部办公厅关于进一步做好普通高校毕业生就业统计与核查工作的通知》（教学厅函〔2021〕19号）对高校毕业生毕业去向界定及标准作了规定。

（一）就业

1. 签就业协议形式就业

（1）与就业单位签订省级就业部门统一制定的就业协议书，且盖有单位人力资源（人事）部门公章或单位行政公章。

审核依据：签订的省级就业部门统一制定的就业协议书或相关制式协议书。

（2）具有人事调配权限的单位出具的接收毕业生及其人事关系（档案、户口、党团组织关系等）的录用接收函。

审核依据：用人单位出具的录用接收函。

（3）定向、委托培养毕业生回原定向、委托培养单位就业。

审核依据：毕业生与定向委托培养单位签订的定向、委培协议或回原定向、委托培养单位就业的报到证。

（4）部队招收士官或文职人员。

审核依据：招收士官或文职人员协议书。

（5）医学规培生。

审核依据：与规培基地签订的协议书。

（6）国际组织任职。

审核依据：国际组织出具的接收材料。

（7）出国、出境就业。

审核依据：国（境）外用人单位出具的接收证明或出国、出境签证文件。

2. 签劳动合同形式就业

毕业生与用人单位签订劳动合同。

审核依据：劳动合同相关解释参见《中华人民共和国劳动法》第十六、十八、十九条。

3. 科研助理、管理助理

被高校、科研机构或企业聘用作为博士后、科研辅助研究、实验技术、技术经理人、学术助理、财务助理等，包含以下两种情况：

（1）科研助理、管理助理。

审核依据：高校、科研机构或企业出具的证明，薪酬需达到当地最低工资标准（参见人力资源和社会保障部《全国各地区最低工资标准情况》）。

（2）博士后入站。

审核依据：劳动（聘用）合同、协议书、接收函、商调函、《博士后研究人员备案证明》。

4. 应征义务兵

审核依据：预定兵通知书或入伍通知书。

5. 国家基层项目

包括特岗教师、"三支一扶"、"西部计划"。

审核依据：录用单位出具的录用文件或有关部门出具的接收证明。

6. 地方基层项目

包括特岗教师、选调生、农技特岗、乡村医生、乡村教师及其他。

审核依据：录用单位出具的录用文件

7. 其他录用形式就业

用人单位不签订就业协议或劳动合同，仅提供聘用证明、工资收入流水等证明材料。

审核依据：用人单位出具的聘用证明或毕业生本人提供的工资收入证明、收入流水等其他证明材料，薪酬需达到当地最低工资标准（参见人力资源和社会保障部《全国各地区最低工资标准情况》）。

8. 自主创业

创立企业（包括参与创立企业），或是新企业的所有者、管理者。包括个体经营和合伙经营两种类型，包含以下三种情况：

（1）创立公司（含个体工商户）。

审核依据：创立企业的工商执照、股权证明或其他证明材料。

（2）在孵化机构中创业，暂未注册或注册当中。

审核依据：与孵化机构签订的协议或孵化机构提供的证明材料。

（3）电子商务创业，利用互联网平台从事经营活动，如开设网店等

审核依据：网店网址、网店信息截图和收入流水。

9. 自由职业

以个体劳动为主的一类职业，如作家、自由撰稿人、翻译工作者、中

介服务工作者、某些艺术工作者、互联网营销工作者、全媒体运营工作者、电子竞技工作者等。

审核依据：毕业生本人签字确认的证明材料，由校院两级就业部门负责同志审定，薪酬需达到当地最低工资标准（参见人力资源和社会保障部《全国各地区最低工资标准情况》）。

（二）升学

1. 升学

包括研究生、第二学士学位、专科升普通本科。

审核依据：拟录取名单、录取院校调档函或录取通知书。

2. 出国、出境

毕业生出国、出境深造。

审核依据：国（境）外高校录取通知书。

（三）未就业

1. 待就业

（1）求职中：正在择业，尚未落实工作单位。

（2）签约中：已确定就业意向，准备正式签订协议或合同。

（3）拟参加公招考试：准备参加公务员、事业单位公开招录考试。

（4）拟创业：准备创业，尚未在工商行政管理部门注册登记，拟创立的实体尚未开始实际运营。

（5）拟应征入伍：准备应征入伍，尚未被批准。

2. 不就业拟升学

准备升学考试，暂不打算就业。

3. 其他暂不就业

（1）暂不就业：暂时不想就业等无就业意愿的毕业生。

（2）拟出国、出境：准备出国、出境学习或工作。

二、毕业去向统计及要求

为进一步健全和完善高校毕业生就业统计与核查机制，确保毕业生就业数据真实准确，《教育部办公厅关于进一步做好普通高校毕业生就业统计与核查工作的通知》（教学厅函〔2021〕19号）对高校毕业生毕业去向统计及要求作了规定。

（一）统计对象

普通高等学校、科研院所具有普通高等教育学籍且取得毕业资格的所有本科、专科（高职）学生和研究生，包括定向生、委培生等。为更加准确反映高校毕业生升学、就业等毕业去向情况，从2021届起，将"就业率"改为"毕业去向落实率"。

（二）统计指标

统计"7个率"：

（1）毕业去向落实率 = 协议和合同就业率 + 创业率 + 灵活就业率 + 升学率。

（2）协议和合同就业率 = 协议和合同就业数 / 毕业生总数。

（3）创业率 = 自主创业数 / 毕业生总数。

（4）灵活就业率 = 灵活就业数 / 毕业生总数。

（5）升学率 = 升学数 / 毕业生总数。

（6）待就业率 = 待就业数 / 毕业生总数。（待就业数为有就业意愿

而尚未就业的毕业生数）

（7）暂不就业率＝暂不就业数／毕业生总数。（暂不就业数＝不就业拟升学人数＋其他暂不就业人数）

（三）报送时间

每年 12 月至次年 3 月实行"月报"制度，各高校在每月 1 日前完成就业数据报送；4—8 月实行"周报"制度，各高校在每周五 17 时前完成就业数据报送。

相对应，上海同步实行月报及周报制度，即每年 11 月至次年 3 月，每月 25 日进行统计，26 日出统计表；4—8 月每周五进行就业统计，每周六出统计表。8 月 31 日为最终就业率统计截止日期。

（四）核查监督

（1）严格落实就业统计责任制。各高校承担本校毕业生就业统计工作第一责任。各高校未经省级就业工作部门统一，不得向其他部门、机构等提供本校就业数据。

（2）强化就业数据抽查核查。各高校在数据报送前要做好全面自查，严格审查每个毕业生的就业材料，相关纸质或电子材料要在校级就业部门存档备查，存档时间为 3—5 年。

（3）严格落实"四不准"要求。不准以任何方式强迫毕业生签订就业协议，不准将毕业证书、学位证书发放与签约挂钩，不准以户档托管为由劝说毕业生签订虚假协议，不准将顶岗实习、见习证明材料作为就业证明材料。对违反"四不准"要求的高校和相关人员，要严肃查处通报，并纳入负面清单，在招生计划安排、学科专业申报、教学评估、评奖评优、领导班子考核等工作中作为负面因素重点参考，原则上应取消相关增量安排、评奖评优评先等资格。

（4）加强就业统计组织管理。各高校要统一思想，提高认识，高度重视就业统计工作，专门制定就业统计工作方案，在人员、经费等方面给予保障，开展统计工作培训。

根据《关于进一步做好高校毕业生就业状况统计核查等工作的通知》（沪学事〔2021〕8号）精神，多渠道接受投诉和反馈。

（1）开放学生就业综合服务平台投诉渠道。

（2）就业监督专线电话：021-64822306。

（3）问题受理专用邮箱：ts@firstjob.com.cn。

各高校、各研究生培养单位应及时回应、解决毕业生的相关问题。

三、主要毕业去向落实月历

当年

8月

利用暑假进一步明确毕业去向选择，并与家人充分沟通，获得充分理解和支持；并根据自身毕业去向选择，搜索查阅相关信息资料，做好准备工作。

9月

考研：考研公共课、统考专业课大纲发布，进行网上预报名。

求职：办理毕业生就业推荐表，完善求职简历，校招网申相继开放，关注心仪企业校园宣讲会及招聘信息。

公务员：关注部分省市下半年报考信息，做好应试准备。

选调生：个别省市开始发布定向选调及普通选调公告，按要求报名。

10月

考研：全国硕士研究生入学统一考试网上报名开始。

求职：校园招聘进入高峰期；双向选择洽谈会、专场招聘会、校招宣讲会密集举行；求职指导系列讲座及培训，大批名企、银行网申开始。密切关注、搜索、查询与自己专业紧密相关单位的信息。准备求职自荐材料，根据求职需求制作个性化简历。

选调生：各省市陆续发布定向选调及普通选调公告，按要求报名。

11月

考研：现场确认报名，到指定地点现场核对并确认网上报名信息，具体时间关注各省级招生考试机构公告。

求职：招聘信息最密集时段，各大高校陆续举行招聘会，较早开始招聘的企业开始笔试和面试。

留学：根据意向学校，填写申请表，邮寄申请材料。

公务员：公共科目考试11月或12月举行。

选调生：关注各省（自治区、直辖市）陆续发布的定向选调以及普通选调公告，按要求报名。

12月

考研：下载打印准考证；初试。

求职：笔试、面试高峰期，抓住目标企业，有针对性地参加招聘会；关注学校就业网站，充分利用网络渠道投递电子简历。

选调生：关注各省（自治区、直辖市）陆续发布的定向选调及普通选调公告，按要求报名。

留学：练习口语，熟悉专业知识，准备面试。

次年

1月

求职：总结经验为节后求职做准备，准备寒假实习。

留学：主动与学校进行联系，跟踪录取情况。

公务员：国家公务员笔试成绩可查询，面试通知陆续发布。

选调生：关注各省市陆续发布的选调公告。

入伍：男兵入伍报名开始，可登录"全国征兵网"进行兵役登记及应征报名，报名时间一般为 1—8 月。

2 月

考研：初始成绩陆续公布，及时查询进行复试准备。考研失利则抓紧春招求职季。

求职：利用寒假实习，了解家乡就业环境，寻找回乡就业机会。

公务员：国家公务员考试录用开始，部分省市招考公告陆续发布。

选调生：关注各省市陆续发布的选调公告。

入伍：男兵可登录"全国征兵网"进行兵役登记及应征报名。

3 月

考研：自主划线和国家线相继发布，未进入复试可考虑调剂。

求职：春招高峰期，关注网申、招聘会和招聘信息。

留学：陆续收到 offer，根据情况确定要去的学校。

公务员：部分省市公务员联考公告陆续发布，关注相关公告。

选调生：关注各省市陆续发布的选调公告。

入伍：男兵可登录"全国征兵网"进行兵役登记及应征报名。

"三支一扶"：各省多在 3—6 月开始报名，关注相关省市招募及报考公告。

4 月

考研：确认复试时间及调剂。

求职：关注企业招聘信息、招聘会，积极投递简历参与面试，抓住招聘季尾巴。

公务员：部分省市举行公务员联考。

村官：关注相关省市招录公告。

入伍：男兵可登录"全国征兵网"进行兵役登记以及应征入伍报名。

"三支一扶"：根据招考公告安排，参与考试，关注具体省市考试信息。

特岗教师：各省市集中安排在 4—9 月进行招录工作，详情关注相关省市招录公告。

"西部计划"：登录"大学生志愿服务西部计划信息系统"进行报名。

5月

求职：毕业前抓紧时间投简历，寻求面试机会，招聘进入淡季。

留学：联系学校，办理护照，申请签证等。

公务员：部分省市公务员联考笔试成绩陆续发布，资格审查开始，关注相关公告。

村官：关注相关省市招录公告。

入伍：男兵可登录"全国征兵网"进行兵役登记及应征入伍报名。

"三支一扶"：关注相关省市报名及考试信息。

"西部计划"：根据公告要求参与笔试、面试。

特岗教师：大部分省市特岗教师招录资格、初审开始。

6月、7月

考研：陆续收到录取通知书。

求职：完成学校就业手续办理，领取报到证。

公务员：部分省市公务员联考面试、录用陆续开始，关注相关公告。

村官：关注相关省市招考公告。

入伍：登录"全国征兵网"进行兵役登记以及应征入伍报名，女兵报名时间一般在 6—8 月。

"三支一扶"：关注相关省市报名及考试信息。

"西部计划"：统一体检、公示、录取。

特岗教师：部分省市进行笔试、资格审查。

※ 求职小贴士

（1）面试时注意衣着得体，谈吐文雅，少犯低级错误；不断总结经验教训，提升求职能力。

（2）赴外地面试时，注意安全，密切防范求职诈骗。

（3）找到工作的毕业生，面临职场过渡问题，提前做功课，让自己更快适应职场。

（4）还没有找到工作的毕业生，调整心态，适当降低求职要求，把握就业机会。

※ 离校小贴士

（1）办理离校手续时，户籍、档案、组织关系等一个不能少。

（2）企业不能落户时，要记得把户口挂靠在人才市场或迁回原籍。

四、主要事务办理流程

（一）毕业生签约、解约手续的办理

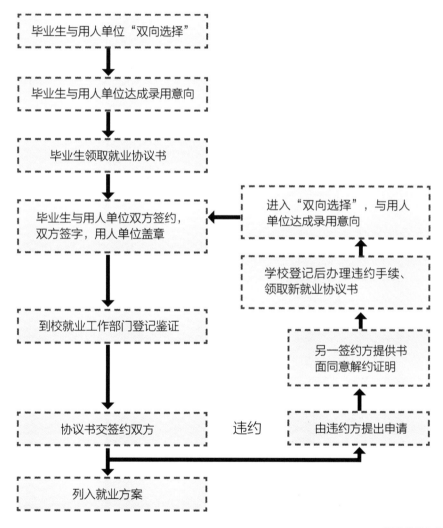

上海市高校毕业生网签平台：www.firstjob.shec.edu.cn
上海大学毕业生就业协议书网上签约流程，扫码获取

（二）毕业生签约改派手续办理

改派应在毕业后一年内进行，逾期不予受理。

所需材料：

（1）打印报到证申请表；

（2）就业协议书原件（与新单位签订的）；

（3）原单位解除协议证明；

（4）原报到证两联。

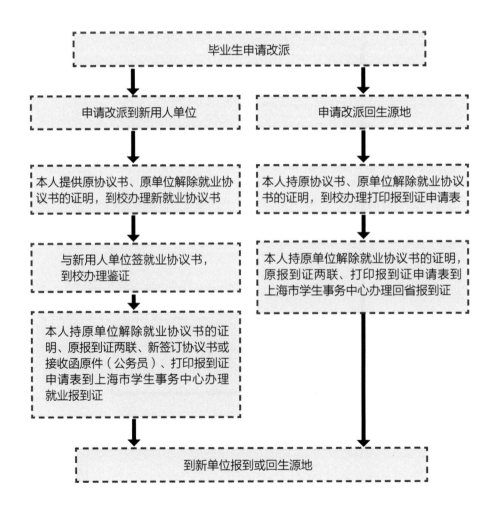

（三）申请出国（境）留学流程

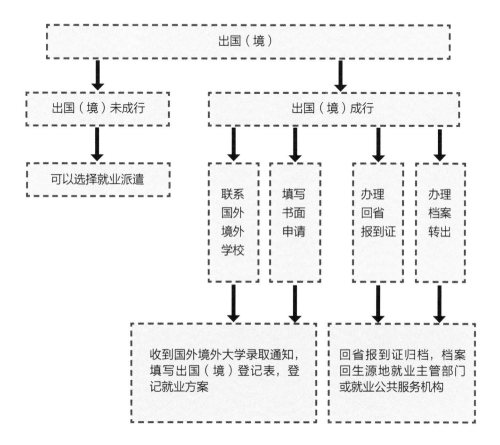

（四）攻读研究生去向及调档流程

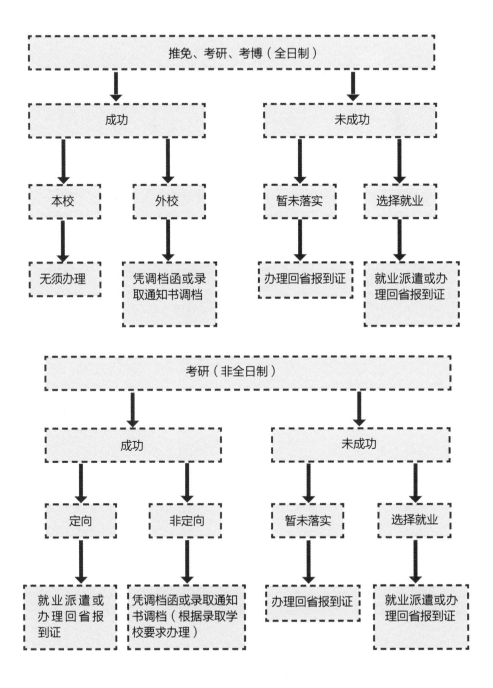

（五）办理就业报到手续流程

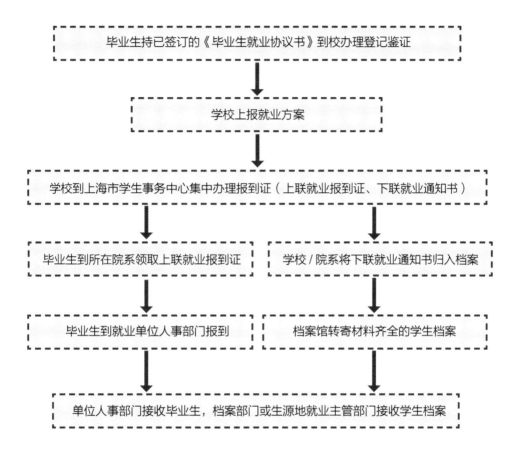

集中离校前上海高校毕业生首次办理就业报到证，由所在高校到上海市学生事务中心进行集中打印，由高校负责发放。离校后首次办理就业报到证及改派、违约办理需准备齐以下所需材料。

1. 上海高校毕业生首次办理就业报到证

（1）出具上海高校毕业生打印就业报到证申请表（学校就业工作部门盖章）。

（2）出具协议书原件（学校和单位盖好章，有单位组织机构代码证和信息登记号）。

（3）如是上海生源，要出具其为上海生源的有效证明，如身份证、户口簿、户籍证明等；如是非上海生源，要出具本人的"关于同意非上海生源高校毕业生办理本市户籍的通知"。

2. 上海高校毕业生改派、违约办理就业报到证

（1）出具上海高校毕业生打印报到证申请表（学校就业工作部门盖章）。

（2）出具新单位协议书原件（学校和单位盖好章，有单位社会信用代码，上海地区单位还要有信息登记号）。

（3）出具与原单位解除协议证明，如是上海生源，还要出具其为上海生源的有效证明，如身份证、户口簿、户籍证明等。

（4）出具原单位报到证（两联）。

办理时间：每周一至周六（六天工作制），09：00-17：00。

办理地点：上海市学生事务中心（徐汇区冠生园路401号）。

（六）非上海生源进沪就业办理户籍审批或居住证

非上海生源毕业生是指入学前户口是非上海市常住户口，包括在上海参加高考的非上海市户口、读书期间父母一方户口迁回上海的学生。非上海生源毕业生在上海就业，须向上海市学生事务中心申请办理户口审批手续。通过审批后，方可在上海落实户口。没有通过户口审批或没有达到户口审批标准的，可以直接办理上海市居住证。申请条件和截止时间按相关政策规定执行。

1. 非上海生源毕业生进沪就业户籍审批的办理

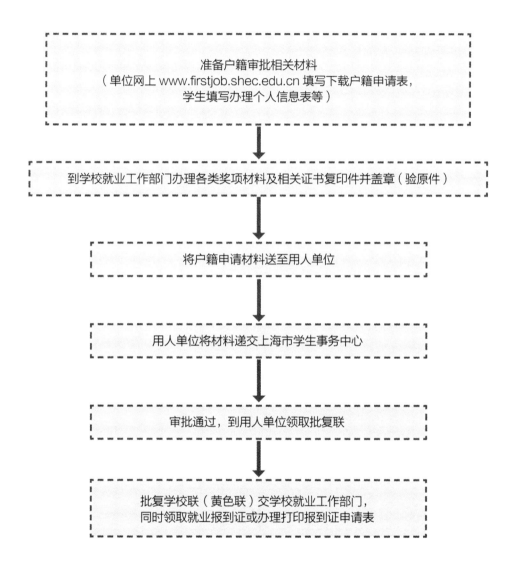

2. 非上海生源毕业生进沪就业居住证的办理

居住证是持有人在上海市居住的证明；用于办理或者查询就业和社会保险、卫生防疫、人口和计划生育等方面的个人相关事务和信息；记录持有人基本情况、居住地变动情况等人口管理所需的相关信息。毕业生在上海就业，若不能申请到上海户籍，则必须办理居住证。

```
领取"高等学校毕业生进沪就业通知单"

（1）学校就业工作部门打印或领取"高等学校毕业生进沪就业通知单"（以下简
    称"通知单"）；
（2）"通知单"的第一联用于毕业生去用人单位报到，第二联用于办理居住证积
    分对应材料；
（3）领取"通知单"受理截止时间为当年 12 月 31 日；
（4）申请上海市户籍的学生可不领取"通知单"
```

↓

```
准备申请办理居住证的基本材料

（1）上海市居住证申请表；
（2）居民身份证等有效身份证明；
（3）拟在本市居住六个月以上的住所证明；
（4）六个月以上劳动（聘用）合同复印件（验原件），
    参加本市职工社会保险满六个月的证明
```

↓

```
申办居证住
申办地点：居住地的社区事务受理服务中心
```

（七）人事档案转接

1. 档案转接

毕业生如已落实就业单位且单位能接收人事档案，则由单位提供详细的人事档案接收地址（一般填写在就业协议书的相应栏目中），由学校按照此地址寄往用人单位。不能独立接收人事档案的单位（如各类非公有制企业）应写明人事档案存放、挂靠的上级主管部门或委托立户存档的政府所属人才中介机构名称，以便于人事档案的接转。

如毕业时就业单位不能接收人事档案关系，可以按照毕业生生源所在省市的相关规定，办理回省就业报到证，由学校寄回生源省、市、县的对应接收机构。

如毕业时尚未落实就业单位，则根据《国务院办公厅关于做好2003年普通高等学校毕业生就业工作的通知》（国办发〔2003〕49号）第五条："对毕业离校时未落实工作单位的高校毕业生，本人要求户口和人事档案保留在学校的，按规定保留两年。"《国务院办公厅转发教育部等部门关于进一步深化普通高等学校毕业生就业制度改革有关问题意见的通知》（国办发〔2002〕19号）第七条："对毕业离校时未落实工作单位的高校毕业生，档案管理机构对保管其档案免收服务费用。学校可根据本人意愿，将其户口转至入学前户籍所在地或两年内继续保留在原就读的高校，待落实工作单位后，将户口迁至工作单位所在地。超过两年仍未落实工作单位的高校毕业生，学校和档案管理机构将其在校户口及档案迁回其入学前户籍所在地。"

2. 档案转递依据分类表

就业去向	档案去向	户籍	档案去向	转递依据
就业	就业单位具备档案接收资格	/	就业单位	报到证（白联）/调档函
就业	就业单位不具备档案接收资格	上海户籍	户籍所在区就业促进中心	户口簿
就业	就业单位不具备档案接收资格	非上海户籍	企业挂靠档案接收单位	报到证（白联）/调档函
就业	就业单位不具备档案接收资格	非上海户籍	户籍所在地人力资源公共服务机构	报到证（白联）/调档函
未就业	档案回原籍	上海户籍	户籍所在区就业促进中心	户口簿
未就业	档案回原籍	非上海户籍	户籍所在地人力资源公共服务机构	报到证（白联）/调档函
未就业	档案保留在学校		根据学校具体规定办理	
升学	根据录取学校的通知办理			

特别提示：

（1）具备档案接收资格的就业单位，如部分国有企业、事业单位等。

（2）不具备档案接收资格的就业单位，如三资企业、民营企业、个体工商户等。

（3）到幼儿园、中小学就业的，档案一律寄往所在区县的教育局人事科。

（4）非上海生源来上海高校就读期间的集体户口属于非上海户籍。

（5）户籍所在地人力资源公共服务机构请查阅：中华人民共和国人力资源和社会保障部网站http://www.mohrss.gov.cn/—"服务之窗"—"流动人员人事档案管理服务机构信息"；或咨询人力资源和社会保障公共服务电话：区号-12333。

第三部分

主要就业项目与区域

一、政策类就业项目

（一）到村任职

大学毕业生到村级组织任职是国家开展的选派项目。大学毕业生到村级组织任职岗位性质为"村级组织特设岗位"，系非公务员身份，其工作、生活补助和享受保障待遇应缴纳的相关费用由中央和地方财政共同承担。选聘的高校毕业生在村工作期限一般为2—3年。选聘对象为30岁以下应届和往届毕业的全日制普通高校专科以上学历的毕业生，重点是应届毕业和毕业1—2年的本科生、研究生，原则上为中共党员（含预备党员），非中共党员的优秀团干部、优秀学生干部也可以选聘。

1. 政策要点

（1）国家在津贴和工资上进行鼓励和支持。

（2）报考公务员或事业单位招聘、考研加分。

（3）各个地方签订的协议都不相同，一般对专业没有限制，对于一些地方需要农业、畜牧业发展方面的可能有专业限制。

（4）一般招录时有些地方界定的是应届毕业大学生，而有些地方则没有限制。

2. 相关政策

（1）《教育部办公厅关于做好选聘高校毕业生到村任职相关工作的通知》（教学厅〔2008〕6号）

（2）《中组部 人力资源社会保障部 教育部 财政部 共青团中央关于统筹实施引导高校毕业生到农村基层服务项目工作的通知》（人社部发〔2009〕42号）

3. 政策问答

（1）聘期结束后享有哪些升学优惠？

据2021年全国硕士研究生招生工作管理规定，参加"选聘高校毕业生到村任职"项目服务期满、考核称职以上的考生，三年内参加全国硕士研究生招生考试的，初试总分加10分，同等条件下优先录取，其中报考人文社科类专业研究生的，初试总分加15分。

（2）参加自主择业、灵活就业、创业有哪些优惠政策？

期满后，到村级组织任职的大学生可以自主择业，自主择业前可免费托管人事档案、免费参加一期职业培训，三年内继续享受创业扶持、报考研究生加分等优惠政策。

教育行政部门和高校为到村级组织任职期满后的大学生提供专门的就业指导服务。省市两级每年举办一次专场招聘会，引导国有企业、金融机构、非公有制企业、社会组织等面向到村级组织任职的大学生招聘工作人员。服务期满、考核称职以上的到村级组织任职的大学生，经县（市、区）组织人事部门推荐，可转聘为街道社区工作人员、非公有制企业党建工作指导员或其他社会管理和公共服务岗位工作人员。

（二）"三支一扶"

"三支一扶"是支教、支医、支农和扶贫工作的简称。2006年，中组部、人事部、教育部等八部门下发《关于组织开展高校毕业生到农村基层从事支教、支农、支医和扶贫工作的通知》（国人部发〔2006〕16号），以公开招募、自愿报名、组织选拔、统一派遣的方式，选派高校毕业生到基层服务，主要安排到乡镇从事支教、支农、支医和扶贫工作。服务期限一般为2—3年。招募对象主要为全国普通高校应届毕业生。工作期满后，自主择业，择业期间享受一定的政策优惠。

1. 政策要点

（1）"三支一扶"人员工作生活补贴标准要按照当地乡镇机关或事业单位从高校毕业生中新聘用工作人员试用期满后的工资收入水平确定，并根据物价、同岗位人员待遇水平等动态调整。在艰苦边远地区服务的，享受艰苦边远地区津补贴。中央财政补助标准为西部地区每人每年3万元（其中新疆南疆四地州、西藏自治区每人每年4万元），中部地区每人每年2.4万元，东部地区每人每年1.2万元。地方各级财政部门要落实投入责任，安排相应配套资金，按月足额发放工作生活补贴。

（2）"三支一扶"人员按规定参加基本养老、基本医疗、工伤保险。各地可根据实际，按规定为"三支一扶"人员办理补充医疗保险、重大疾病、人身意外伤害等商业保险以及住房公积金。中央财政按照每人3000元的标准，为新招募且在岗服务满6个月以上的人员发放一次性安家费。各地要为"三支一扶"人员提供交通、住宿和伙食等方面便利，参照本单位工作人员标准给予相应补助。

（3）落实公务员定向考录政策，各省（自治区、直辖市）每年应拿出公务员考录计划的10%左右，面向"三支一扶"计划等服务基层项目人员定向考录。各省（自治区、直辖市）县乡基层事业单位公开招聘时，应根据本地区实际拿出一定数量或比例的岗位，对"三支一扶"服务期满考核合格的人员进行专项招聘，并增加工作实绩在考察中的权重，聘用后可以不再约定试用期；省市事业单位公开招聘时，同等条件下优先聘用"三支一扶"服务期满考核合格人员。

（4）期满考核合格的"三支一扶"人员，三年内参加全国硕士研究生招生考试的，初试总分加10分，同等条件下优先录取。已被录取为研究生的应届毕业生参加"三支一扶"计划的，学校应为其保留入学资格。高职（高专）毕业生期满且考核合格的，可免试入读成人高等学历教育专科起点本科。期满考核合格的"三支一扶"人员可按规定享受学费补偿和助学贷款代偿政策。本科及以上学历毕业生参加支医服务的，期满且考核合格后由县级卫生健康主管部门统一安排参加住院医师规范化培训。

（5）各地要依托公共就业和人才服务机构，为自主就业的服务期满人员提供有针对性的就业服务。对就业困难的，提供"一对一"就业帮扶。及时将有创业意愿的服务期满人员纳入创业引领行动，提供创业培训、孵化等服务，鼓励创办家庭农场（林场）、农民合作社，按规定落实扶持政策。参加"三支一扶"计划前无工作经历的人员期满且考核合格的，两年内在参加机关和企事业单位考录（招聘）、自主创业、落户、升学等方面可同等享受应届毕业生相关政策。"三支一扶"人员在基层服务年限计算为工龄，其参加工作时间按其到基层报到之日起算。

2. 相关政策

（1）《中共中央组织部 人力资源社会保障部等十部门关于实施第四轮高校毕业生"三支一扶"计划的通知》（人社部发〔2021〕32号）

（2）《教育部关于做好新时期直属高校定点扶贫工作的意见》（教发〔2019〕4号）

（3）《中共中央办公厅 国务院办公厅印发〈关于进一步引导和鼓励高校毕业生到基层工作的意见〉的通知》（中办发〔2016〕79号）

 （4）《关于印发全国高校毕业生三支一扶计划工作信息系统运行管理办法的通知》（人社厅发〔2010〕52号）

（5）《中组部 人力资源社会保障部 教育部 财政部 共青团中央关于统筹实施引导高校毕业生到农村基层服务项目工作的通知》（人社部发〔2009〕42号）

 （6）《中组部 人事部 教育部 财政部 农业部 卫生部 国务院扶贫办 共青团中央关于组织开展高校毕业生到农村基层从事支教、支农、支医和扶贫工作的通知》国人部发〔2006〕16号

3. 政策问答

（1）如何报名"三支一扶"？

有报考意向的高校毕业生可关注相应省份人社部门官网、官方微信公众号等及时获取报考信息。"三支一扶"报名入口在各省的人力资源与社会保障厅、人事考试网或者人才网，具体详见各省政策。报名参加"三支一扶"的高校毕业生应保证自己的身体、时间等符合"三支一扶"服务期的完整性并能胜任所报岗位的志愿服务工作。

（2）"三支一扶"人员享有哪些补贴和权利？

"三支一扶"人员享有工作生活补助，具体参考各地招募政策。

"三支一扶"人员要在基层服务两年，上岗前，需参加岗前培训。在服务期间，应按照规定时间到岗服务，服从服务单位的管理和根据工作需要进行的岗位调整；严格遵守国家法律、法规和专业规章，遵守服务单位

的规章制度；爱岗敬业，尽职尽责地完成服务单位交办的工作任务；服务期间，除因不可抗力因素并及时以书面形式告知服务单位外，不得单方中止协议或擅自离岗；由于身体状况等特殊原因不能继续服务的，须向服务单位提出申请并出具本市二级以上（含二级）医院诊断证明材料，报经区"三支一扶"办批准后，方可离开服务单位；因正常休假离开服务单位的，应与服务单位保持联系；服务期满，应参加考核，并递交工作总结；离岗前须做好相关的工作交接。

（三）特岗教师

农村义务教育阶段学校教师特设岗位计划，简称"特岗计划"。2006年，教育部、财政部、人事部、中央编办下发了《关于实施农村义务阶段学校教师特设岗位计划的通知》（教师〔2006〕2号），联合启动实施"特岗计划"，公开招募高校毕业生到西部"两基"攻坚县的县以下农村义务教育阶段学校任教。特岗教师聘期三年。2006—2008年，"特岗计划"的实施范围以国家西部地区"两基"攻坚县为主（含新疆生产建设兵团的部分团场）。2009年起，实施范围扩大到中西部地区国家扶贫开发工作重点县。

1. 政策要点

（1）特岗教师三年聘期结束后，对服务期满、每年年度考核合格且自愿留在本地学校的，在编制和岗位总量内，经县教育行政部门审核，同级政府人事部门批准，由县教育行政部门办理事业单位人员聘用手续，按照有关规定办理上编制、核定工资基金等手续。

（2）三年内参加全国硕士研究生招生考试的，初试成绩总分加10分，同等条件下优先录取。

（3）服务期满可报考公务员、事业单位等公职类考试服务基层岗位。

2. 相关政策

（1）《教育部办公厅 财政部办公厅关于做好 2020 年农村义务教育阶段学校教师特设岗位计划实施工作的通知》（教师厅〔2020〕2 号）

（2）《教育部 财政部 人事部 中央编办关于实施农村义务教育阶段学校教师特设岗位计划的通知》（教师〔2006〕2 号）

3. 政策问答

（1）"特岗计划"招聘对象和条件是什么？

第一，以高等师范院校和其他全日制普通高校应届本科毕业生为主，可招少量应届师范类专业专科毕业生。

第二，取得教师资格，具有一定教育教学实践经验，年龄在 30 岁以下的全日制普通高校往届本科毕业生。

第三，参加过"大学生志愿服务西部计划"、有从教经历的志愿者和参加过半年以上实习支教的师范院校毕业生同等条件下优先。

第四，报名者应同时符合教师资格条件要求和招聘岗位要求。

（2）"特岗计划"招聘程序有哪些？

特岗教师实行公开招聘，合同管理。合同规定用人单位和应聘人员双方的权利和义务。

招聘工作由省级教育、人力资源和社会保障、财政、编办等相关部门共同负责，遵循"公开、公平、自愿、择优"和"三定"（定县、定校、定岗）原则，按下列程序进行：①公布需求，②自愿报名，③资格审查，④考试考核，⑤集中培训，⑥资格认定，⑦签订合同，⑧上岗任教。

（四）西部计划

大学生志愿服务西部计划由共青团中央牵头，教育部、财政部、人力资源和社会保障部共同组织实施。2003年起，以公开招募、自愿报名、组织选拔、集中派遣的方式，每年招募一定数量的普通高等学校应届毕业生，到西部贫困县的乡镇从事教育、卫生、农技、扶贫以及青年中心建设和管理等方面的志愿服务工作。2009年起，服务期由1—2年调整为1—3年。

1. 政策要点

（1）志愿者服务期间，中央财政给予必要的生活补贴。

（2）服务期间计算工龄，党团关系转至服务单位。服务期满落实工作单位后，公安机关按有关规定办理户口迁移手续。

（3）服务期满考核合格的，报考研究生给予加分，同等条件下优先录取，具体规定在当年的研究生招生政策中予以明确。

（4）服务期满考核合格后报考党政机关公务员的，可适当加分，同等条件下应优先录用，具体规定由省级公务员考试录用主管机关在当年招考中予以明确。

（5）服务期满将对志愿者进行考核鉴定，并存入本人档案；考核合格的颁发证书，作为志愿者服务经历和就业、创业的证明。

（6）服务单位应向志愿者提供住宿等必要的生活条件；在党政机关招聘公务员和国有企事业单位招聘专业技术人员、管理人员时优先录用。

（7）服务期为一年、服务期满考核合格的，授予中国青年志愿服务铜奖奖章。服务期为两年、服务期满考核合格的，授予中国青年志愿服务银奖奖章，表现优秀的授予中国青年志愿服务金奖奖章，表现特别优秀的推荐参加中国青年五四奖章、中国十大杰出青年、中国十大杰出青年志愿者、国际青少年消除贫困奖等评选。

2. 相关政策

（1）《全国大学生志愿服务西部计划项目管理办公室关于做好 2020—2021 年度西部计划志愿者招募派遣工作的通知》（全国项目办发〔2020〕3 号）

（2）《共青团中央 教育部 财政部 人力资源和社会保障部关于印发〈大学生志愿服务西部计划志愿者管理办法〉及〈大学生志愿服务西部计划各级项目办和服务单位职责〉的通知》（中青联发〔2009〕19 号）

（3）《共青团中央 教育部 财政部 人事部关于实施大学生志愿服务西部计划的通知》（中青联发〔2003〕26 号）

（五）应征入伍

大学生征兵是指部队每年从应届大学毕业生中招收义务兵，经国务院、中央军委批准，自 2020 年起，将义务兵征集由一年一次征兵一次退役，调整为一年两次征兵两次退役。

全国征兵网：www.gfbzb.gov.cn。

1. 政策要点

（1）享受优先政策。大学生入伍享受优先报名应征、优先体检政审、优先审批定兵、优先安排使用政策以及体检绿色通道。

（2）享受优待政策。优待金由批准入伍地发放，其家庭享受军属待遇，由户籍所在地负责落实相关优待。

（3）大学毕业生可被选拔为军官。普通高等学校全日制毕业生应征入伍的士兵可被选拔为军官，所称选拔军官包括：大学毕业生士兵提干、报考军队院校和保送入学。

（4）优先选取为士官。对于符合士官选取条件的士兵，同等条件下具有全日制大专以上学历的要优先选取；师（旅）级单位范围内相同专业岗位的士兵，在任职能力相当的情况下，应优先选取高学历士兵。

2. 相关政策

（1）《教育部办公厅 公安部办公厅关于普通高等学校毕业生应征入伍服义务兵役办理就业手续的通知》（教学厅〔2009〕5号）

（2）《财政部 教育部 总参谋部关于印发〈应征入伍服义务兵役高等学校毕业生学费补偿和国家助学贷款代偿暂行办法〉的通知》（财教〔2009〕35号）

（3）《财政部 教育部 总参谋部关于印发〈应征入伍服义务兵役高等学校在校生学费补偿国家助学贷款代偿及退役复学后学费资助暂行办法〉的通知》（财教〔2011〕510号）

（4）《教育部 总参谋部关于印发〈应征入伍普通高等学校录取新生保留入学资格及退役后入学办法（试行）〉的通知》（教学〔2013〕8号）

（5）《财政部 教育部 总参谋部关于印发〈高等学校学生应征入伍服义务兵役国家资助办法〉的通知》（财教〔2013〕236号）

（6）《教育部办公厅关于进一步做好高校学生参军入伍工作的通知》（教学厅〔2015〕3号）

（7）《退役军人事务部等部门关于促进新时代退役军人就业创业工作的意见》（退役军人部发〔2018〕26号）

（8）《关于印发〈学生资助资金管理办法〉的通知》（财科教〔2019〕19号）

（9）《关于进一步扶持自主就业退役士兵创业就业有关税收政策的通知》（财税〔2019〕21号）

3. 政策问答

（1）什么是士官？与义务兵有什么区别？

我军现役士兵包括义务兵役制士兵和志愿兵役制士兵，义务兵役制士兵称为义务兵，志愿兵役制士兵称为士官。士官是军事人才的组成部分，是部队作战训练、教育管理和武器装备操作使用、维护修理的重要骨干。士官的来源渠道包括从服现役期满的义务兵中选取、从军队院校毕业的士官学员中任命、直接从非军事部门具有专业技能的公民中招收。士官按照军衔等级分为初级士官、中级士官、高级士官，并实行分级服现役制度，分级服现役年限为：初级士官最高六年，中级士官最高八年，高级士官可以服现役14年以上。士官实行工资制和定期增资制度。

义务兵服现役的期限为两年，按照军衔等级分为上等兵、列兵，享受供给制生活待遇，按照军衔和服现役年限发给津贴。

（2）高校毕业生应征入伍服义务兵役享受哪些优惠政策？

高校毕业生应征入伍服义务兵役，除享有优先报名应征、优先体检政审、优先审批定兵、优先安排使用"四个优先"政策，家庭按规定享受军属待遇外，还享受优先选拔使用、学费补偿和国家助学贷款代偿、退役后考学升学优惠、就业服务等政策。

（3）应征入伍的高校应届毕业生离校后户口档案存放在哪里？如何迁转？

被确定为预征对象的高校应届毕业生，回入学前户籍所在地应征的，将户口迁回入学前户籍所在地，档案转到入学前户籍所在地人才交流中心存放。在学校所在地应征的，可将户籍和档案暂时保留在学校。高校应届毕业生批准入伍后，其户口档案予以注销，档案放入新兵档案。

（4）高校应届毕业生退役后户口、档案迁移有何优惠政策？

高校应届毕业生入伍服义务兵役退出现役后一年内，可视同当年的高校应届毕业生，凭用人单位录（聘）用手续，向原就读高校再次申请办理就业报到手续，户档随迁（直辖市按照有关规定执行）。

（六）科研助理

按《国务院办公厅关于加强普通高等学校毕业生就业工作的通知》（国发办〔2009〕3号）要求，承担国家和地方重大科研项目的单位要积极聘用优秀高校毕业生参与研究，其劳务性费用和有关社会保险费按规定从项目经费中列支，具体办法由科技、教育、财政等部门研究制定。

1. 政策要点

高校毕业生参与项目研究期间，其户口、档案可存放在项目承担单位所在地或入学前家庭所在地人才交流中心。聘用期满，根据工作需要可以续聘或到其他岗位就业，就业后工龄和参与研究期间的工作时间合并计算，社会保险缴费年限合并计算。

2. 相关政策

（1）《科技部 教育部 财政部 人力资源社会保障部 国家自然科学基金委员会关于鼓励科研项目单位吸纳和稳定高校毕业生就业的若干意见》（国科发财〔2009〕97号）

 （2）《关于进一步加强科研项目吸纳高校毕业生就业有关工作的通知》（国科办财〔2010〕20号）

（3）《教育部办公厅关于高等学校进一步做好开发科研助理岗位吸纳毕业生就业工作的通知》（教科技厅函〔2020〕23号）

3. 政策问答

（1）国家和地方重大科研项目范围是什么？

由高校、科研机构和企业所承担的民口科技重大专项、973计划、863计划、科技支撑计划项目以及国家自然科学基金会的重大重点项目等。这些项目可以聘用高校毕业生作为研究助理或辅助人员参与研究工作，此外的其他项目，承担研究的单位也可聘用。

（2）应聘参与重大科研项目的毕业生要符合什么条件？

聘用对象主要以优秀的应届毕业生为主，包括高校以及有学位授予权的科研机构培养的博士研究生、硕士研究生和本科生。

（3）服务协议的期限有多长？

服务协议期限最多可签订三年，三年以下的服务协议期限已满而项目执行期未满的，根据工作需要可以协商续签至三年。三年期满后，毕业生有意继续在项目单位工作、项目承担单位同意接收的，则须按正式聘用手续办理。

（4）毕业生受聘担任研究助理或辅助人员的社会保障有哪些？

项目承担单位应当为毕业生办理社会保险，具体包括基本养老保险、基本医疗保险、失业保险、工伤保险、生育保险，并按时足额缴费。参保、缴费、待遇支付等具体办法参照各项社会保险有关规定执行。

二、其他就业方式

（一）选调生

选调生，是各省党委组织部门有计划地从高等院校选调品学兼优的应届大学本科及其以上毕业生到基层工作，作为党政领导干部后备人选和县级以上党政机关高素质工作人员人选进行重点培养的群体的简称。

选调生招录由各省委组织部统一组织，分定向选调和集中选调。招录报名网站参考各省市的选调公告。

1. 政策要点

（1）集中选调（普通选调生）面向省内外高校招录，安排到乡镇（街道）公务员岗位。

（2）定向选调生面向一流大学建设高校等重点院校招录，安排到省市直机关公务员岗位。

2. 相关政策

（1）《关于进一步加强和改进选调生工作的意见》（组通字〔2018〕17号）

（2）《关于进一步做好选调应届优秀大学毕业生到基层培养锻炼工作的通知》（组通字〔2000〕3号）

（二）军队文职

中国人民解放军文职人员，是指在军民通用、非直接参与作战且社会化保障不宜承担的军队编制岗位从事管理工作和专业技术工作的非现役人员，是军队人员的组成部分。1988年，中华人民共和国中央军事委员会颁布《中国人民解放军文职干部暂行条例》，中国人民解放军正式建立起文职干部制度。文职干部的编制范围，主要为从事科学研究、工程技术、医疗卫生、教学、新闻、出版、文化艺术、体育等单位的部分专业技术干部职务，以及为机关、院校、医疗等单位内部服务的部分行政事务、生活保障干部职务；师以下作战部队、试验训练部队和保障部队，原则上不编配文职干部。文职干部的政治待遇和生活福利待遇按照现役军官的有关规定执行，工资水平与相应级别的现役军官相同。文职干部承担着与现役军官基本相同的义务，享有与现役军官同等工作、学习、参加政治生活、获得政治荣誉和物质鼓励的权利；与现役军官依隶属关系和所任职务，构成上下级或同级关系，工作需要时可改任现役军官。文职人员是军队建设的重要力量。

1. 政策要点

（1）文职人员岗位分为管理和专业技术两类。其中，管理岗位是指担负领导职责或者管理任务的工作岗位，岗位等级由高到低设置九个等级，即部级副职、局级正职、局级副职、处级正职、处级副职、科级正职、科级副职、科员、办事员；专业技术岗位是指从事专业技术和专业技能工作，具有相应专业技术、专业技能水平和能力要求的工作岗位，分为高级、中级、初级岗位，由高到低设一级至十三级。

（2）文职人员待遇保障政策按照高于地方同类人员、具有比较优势的思路设计，主要体现在四个方面：一是工资待遇。以现役军官为参照系，军队建立统一的文职人员工资制度。二是住房保障。实行社会化、货币化保障政策，文职人员可以租住用人单位的宿舍，符合条件的可以租住公寓住房；文职人员的住房公积金、住房补贴和房租补贴参照现役军官政策确定的标准执行，符合规定条件的人员，军队可以增发住房补助。三是社会保险。用人单位及其文职人员应当按照国家规定参加所在地职工基本医疗保险、失业保险、生育保险，缴纳保险费。参加养老保险、工伤保险的办法另行制定。军队根据国家有关规定，为文职人员建立补充保险。平时看病享受社保待遇，军队给予医疗补助；执行军事任务期间免费医疗。四是福利抚恤。健康体检、探亲休假、子女入托等普惠性福利待遇，文职人员与现役军官同等享受。平时抚恤执行国家工作人员有关规定，优待政策另行制定；参加军事任务伤亡的抚恤优待执行现役军人政策。

（3）中央军委政治工作部通过军队人才网（81rc.81.cn），向社会公开发布全军面向社会公开招考文职人员信息。

2. 相关政策

《中国人民解放军文职人员条例》，2005年6月23日中华人民共和国国务院、中华人民共和国中央军事委员会令第438号公布，2017年9月27日中华人民共和国国务院、中华人民共和国中央军事委员会令第689号修订。

（三）国际组织任职实习

国际组织是指两个以上国家或其政府、人民、民间团体基于特定目的，以一定协议形式而建立的各种机构。国家间在政治、经济、社会、文化等领域进行交流与合作过程中，会出现一些任一国家都难以单独解决的问题，需要有关国家共同研究。为此，它们定期或不定期举办国际会议，由于需要处理日常事务而成立秘书处，逐步转化成为相应的国际组织。

高校毕业生到国际组织实习任职信息服务平台：gj.ncss.org.cn。

1. 政策要点

（1）高校在校生到国际组织实习，学校可为其保留学籍，最长至两年；学生实习期满后应向学校提出复学申请，学校经审查合格后同意复学，并可根据其实习经历和实习内容认定为公共必修课或实践实习课程的学分。

（2）到国际组织实习的毕业年度内高校毕业生，毕业时其户口、档案可申请保留在学校两年（直辖市按有关规定执行）。两年内落实就业单位的，可视为应届毕业生，根据相关规定，为其办理就业手续。超过两年的，户口、档案迁回家庭所在地。

2. 相关政策

（1）《2020年国际组织实习项目选派管理办法》

（2）《教育部关于促进普通高校毕业生到国际组织实习工作的通知》（教学〔2017〕6号）

3. 政策问答

联合国的国际公务员有哪几种？哪些职位是面向高校毕业生的？

联合国的国际公务员主要分为三种：D类、P类、G类。D代表director，即高级管理人员；P代表professional，即专业人员；G代表general，即一般事务。

D类属于领导类职务，部分是在联合国内部一级一级晋升上来的，另外一部分则来自各国直接派遣，比如我国各部委派驻到联合国的工作人员。

G类属于基础性岗位，大多是行政、秘书等辅助性雇员，一般从机构所在国当地招聘。

P类是联合国的中坚力量，因此，对于想加入联合国的高校毕业生而言，最常规的方式是参加联合国的YPP考试（即青年专业人员考试）。

（四）自主创业

自主创业是指劳动者主要依靠自己的资本、资源、信息、技术、经验以及其他因素，自己创办实业、自己开辟工作环境、解决就业问题的一种就业方式。

1. 政策要点

（1）高校毕业生自主创业优惠政策主要包括：税收优惠、创业担保贷款和贴息支持、免收有关行政事业性收费、享受培训补贴、免费创业服务、取消高校毕业生落户限制，允许高校毕业生在创业地办理落户手续（直辖市按有关规定执行）。

（2）大学生创业工商登记，放宽新注册企业场所登记条件限制，推动"一址多照"、集群注册等，降低大学生创业门槛。

2. 相关政策

（1）《国务院关于做好当前和今后一段时期就业创业工作的意见》（国发〔2017〕28号）

（2）《国务院关于进一步做好新形势下就业创业工作的意见》（国发〔2015〕23号）

（3）《国务院办公厅关于深化高等学校创新创业教育改革的实施意见》（国办发〔2015〕36号）

（五）灵活就业

灵活就业也被称为灵活用工，它们分别是从劳动者和用人主体角度来描述劳动力市场灵活性的两个名词，因其灵活弹性非传统，亦被称为非正规就业。正规就业意指有长期的劳动关系、稳定的工作岗位和固定的雇主的一种就业方式。灵活就业一般来说其劳动合同关系是临时的，工作岗位通常是不确定的，也可能被多个雇主雇用。灵活就业主要集中在第三产业服务业，也有为第一、第二产业服务的。2004年国务院新闻办公室发布的《〈中国的就业状况和政策〉白皮书》对灵活就业给予了高度的评价，并认为这是一种促进就业的重要形式。

1. 政策要点

（1）根据《财政部 人力资源社会保障部关于印发〈就业补助资金管理办法〉的通知》（财社〔2017〕164号）规定，鼓励支持高校毕业生通过多种形式灵活就业，并给予相关政策扶持。对符合就业困难人员条件的灵活就业高校毕业生，要按规定落实社会保险补贴政策。对申报灵活就业的高校毕业生，各级公共就业和人才服务机构按规定提供人事、劳动保障代理服务，做好社会保险关系接续工作，取消涉及灵活就业的行政事业性收费。

（2）对就业困难人员灵活就业后缴纳的社会保险费，给予一定数额的社会保险补贴，补贴数额原则上不超过其实际缴费的三分之二。灵活就业的就业困难人员按规定向当地人力资源和社会保障部门申请社会保险补贴。

2. 相关政策

（1）《国务院办公厅关于支持多渠道灵活就业的意见》（国办发〔2020〕27号）

（2）《财政部 人力资源社会保障部关于印发〈就业补助资金管理办法〉的通知》（财社〔2017〕164号）

三、主要就业区域

各地各高校要围绕国家经济社会发展需要，主动对接国家发展战略需求，向重点地区、重大工程、重大项目、重要领域输送毕业生。结合"一带一路"建设、京津冀协同发展、长江经济带发展，大力开拓就业岗位。落实区域协调发展战略，引导毕业生到中西部地区、东北地区和艰苦边远地区就业。

（一）上海地区

1. 临港新片区

中国（上海）自由贸易试验区临港新片区，位于上海大治河以南、金汇港以东（包括小洋山岛以及浦东国际机场南侧区域）。2018年，在首届进博会期间，党中央交付给上海三项新的重大任务，即增设上海自贸试验区临港新片区，在上交所设立科创板并试点注册制，实施长三角一体化的发展战略。

临港人才政策、人才招聘、人才服务网站：www.shlghr.com。

2. 漕河泾开发区

上海漕河泾新兴技术开发区于1988年经国务院批准为国家经济技术开发区，1991年经国务院批准为国家高新技术产业开发区，2000年又成为APEC国际科技工业园区，综合经济指标位于全国开发区前列。

漕河泾开发区是上海市唯一同时具备国家级经济技术开发区、国家级高新技术产业开发区、国家级出口加工区三重功能的开发区。

人才绿洲网：www.hrstage.com。

微信公众号：

3. 上海自由贸易试验区

中国（上海）自由贸易试验区（China (Shanghai) Pilot Free Trade Zone），简称上海自由贸易区或上海自贸区，是中国政府设立在上海的区域性自由贸易园区，位于浦东境内，属中国自由贸易区范畴。

人力资源服务平台（政策、招聘、服务）：

4. 五大新城

《上海市国民经济和社会发展第十四个五年规划和二〇三五年远景目标纲要》提出，大力实施新城发展战略，把嘉定、青浦、松江、奉贤、南汇五大新城建设为长三角城市群中具有辐射带动作用的独立综合性节点城市。新城在产业和功能上形成各自的特色，立足于服务发挥"四大功能"和建设"五个中心"大局。具体来看：

松江新城依托相对完备的产业体系（聚焦人工智能、集成电路、生物医药、智慧安防、新能源、新材料等"6+X"战略性新兴产业）、G60科技创新走廊和大学城资源，以科教和双创为动力，建成集产业、科技、文化、旅游于一体，具有综合性功能特色的节点城市。

嘉定新城汽车产业集聚程度很高，2019年汽车产业产值占全区规模以上工业产值比重达到71.3%，因此嘉定新城应强化沪宁发展轴上的枢纽节点作用，依托雄厚的汽车工业基础、丰富的智能应用场景和新经济优势，强化产业集聚和价值链延伸，建成以智能汽车和新经济为特色的节点城市，构筑科技创新高地。

南汇新城应充分利用临港新片区的政策优势，构建集成电路、人工智能、生物医药、航空航天等"7+5+4"面向未来的创新产业体系，加快打造更具国际市场影响力和竞争力的特殊经济功能区。

青浦新城应承接支撑虹桥国际开放枢纽和长三角生态绿色一体化发展示范区重大功能，积极发展数字经济，形成创新研发、会展商贸、旅游休闲等具有竞争力的绿色产业体系。

奉贤新城的"东方美谷"已成为产业名片和城市名片，应依托"东方美谷"产业集群和浙江实力雄厚的民营经济，夯实对接浙江的门户地位，打响"东方美谷"品牌，打造国际美丽健康产业策源地。

五大新城人才新政：

缩短新城"居转户"年限，对在新城重点产业的用人单位和教育、卫生等事业单位工作满一定年限并承诺落户后继续在新城工作两年以上的人才，经新城所在区推荐后，"居转户"年限由七年缩短为五年。

对新城范围内教育、卫生等公益事业单位录用的非上海生源应届普通高校毕业生，直接落户打分加3分。

对上海市居住证持证人在新城工作并居住的，予以专项加分，即每满一年积2分，满五年后开始计入总分，最高分值为20分。

新城重点用人单位引进的在国（境）外高水平大学获得科学、技术、工程和数学等紧缺急需专业学士及以上学位的留学人员，在新城全职工作并缴纳社会保险满六个月后，可申办落户。

5. 浦东新区高水平改革社会主义现代化建设引领区

（1）战略定位。推动浦东高水平改革开放，为更好利用国内国际两个市场两种资源提供重要通道，构建国内大循环的中心节点和国内国际双循环的战略链接，在长三角一体化发展中更好发挥龙头辐射作用，打造全面建设社会主义现代化国家窗口。

（2）发展目标。到2035年，浦东现代化经济体系全面构建，现代化城区全面建成，现代化治理全面实现，城市发展能级和国际竞争力跃居世界前列。浦东要成为：更高水平改革开放的开路先锋、自主创新发展的时代标杆、全球资源配置的功能高地、扩大国内需求的典范引领、现代城市治理的示范样板。

（二）其他地区

"一带一路"建设、京津冀协同发展、长江经济带发展等国家重大决策提供了大量的岗位需求。高校毕业生要主动对接人才需求，积极到重点地区、重大工程、重大项目、重要领域去就业。要结合建设科技强国、质量强国、航天强国、网络强国、交通强国、数字中国、智慧社会要求，引导毕业生到高技术产业、战略性新兴产业、先进制造业和现代服务业等领域就业创业。深入挖掘互联网、大数据、人工智能和实体经济深度融合创造的就业机会，在共享经济、现代供应链、人力资本服务等领域拓展就业新空间。

1. "一带一路"建设

"一带一路"是"丝绸之路经济带"和"21世纪海上丝绸之路"的简称，它将充分依靠中国与有关国家既有的双多边机制，借助既有的、行之有效的区域合作平台。"一带一路"旨在借用古代丝绸之路的历史符号，高举和平发展的旗帜，积极发展与沿线国家的经济合作伙伴关系，共同打造政治互信、经济融合、文化包容的利益共同体、命运共同体和责任共同体。

2. 京津冀协同发展

京津冀协同发展核心是京津冀三地作为一个整体协同发展，要以疏解非首都核心功能、解决北京"大城市病"为基本出发点，调整优化城市布局和空间结构，构建现代化交通网络系统，扩大环境容量生态空间，推进产业升级转移，推动公共服务共建共享，加快市场一体化进程，打造现代化新型首都圈，努力形成京津冀目标同向、措施一体、优势互补、互利共赢的协同发展新格局。

3. 长江经济带发展

2016年，习近平总书记在重庆召开推动长江经济带发展座谈会并发表重要讲话，全面深刻阐述了长江经济带发展战略的重大意义、推进思路和重点任务。此后，习近平总书记又多次发表重要讲话，强调推动长江经济带发展必须走生态优先、绿色发展之路，涉及长江的一切经济活动都要以不破坏生态环境为前提，共抓大保护、不搞大开发，共同努力把长江经济带建成生态更优美、交通更顺畅、经济更协调、市场更统一、机制更科学的黄金经济带。2016年9月，《长江经济带发展规划纲要》正式印发，提出了"一轴、两翼、三极、多点"的格局。

4. 粤港澳大湾区

由香港、澳门两个特别行政区和广东省广州、深圳、珠海、佛山、惠州、东莞、中山、江门、肇庆九个珠三角城市组成，总面积5.6万平方千米，是中国开放程度最高、经济活力最强的区域之一，在国家发展大局中具有重要战略地位。

香港，巩固和提升国际金融、航运、贸易中心和国际航空枢纽地位，强化全球离岸人民币业务枢纽地位、国际资产管理中心及风险管理中心功能，推动金融、商贸、物流、专业服务等向高端高增值方向发展，大力发展创新及科技事业，培育新兴产业，建设亚太区国际法律及争议解决服务中心，打造更具竞争力的国际大都会。

澳门，建设世界旅游休闲中心、中国与葡语国家商贸合作服务平台，促进经济适度多元发展，打造以中华文化为主流、多元文化共存的交流合作基地。

广州，充分发挥国家中心城市和综合性门户城市引领作用，全面增强国际商贸中心、综合交通枢纽功能，培育提升科技教育文化中心功能，着力建设国际大都市。

深圳，发挥作为经济特区、全国性经济中心城市和国家创新型城市的引领作用,加快建成现代化国际化城市,努力成为具有世界影响力的创新创意之都。

5. 长江三角洲

2018年11月5日,习近平总书记在首届中国国际进口博览会上宣布,支持长江三角洲区域一体化发展并上升为国家战略,着力落实新发展理念,构建现代化经济体系,推进更高起点的深化改革和更高层次的对外开放,同"一带一路"建设、京津冀协同发展、长江经济带发展、粤港澳大湾区建设相互配合,完善中国改革开放空间布局。

长江三角洲地区是我国经济发展最活跃、开放程度最高、创新能力最强的区域之一,在国家现代化建设大局和全方位开放格局中具有举足轻重的战略地位。推动长三角一体化发展,增强长三角地区创新能力和竞争能力,提高经济集聚度、区域连接性和政策协同效率,对引领全国高质量发展、建设现代化经济体系意义重大。

根据国务院2019年批准的《长江三角洲区域一体化发展规划纲要》,长江三角洲地区包括上海市、江苏省、浙江省、安徽省,共41个城市。

6. 成渝地区双城经济圈

2020年10月16日,中国共产党中央委员会政治局召开会议,审议《成渝地区双城经济圈建设规划纲要》。成渝地区双城经济圈与长三角、粤港澳大湾区、京津冀在重要程度上是一个层次,其建设也是重大国家战略。

通过重庆、成都两个中心城市的协同带动,注重体现区域优势和特色,使成渝地区成为具有全国影响力的重要经济中心、科技创新中心、改革开放新高地、高品质生活宜居地。成渝地区双城经济圈将成为继京津冀、粤港澳、长三角之后的中国第四大都市圈。

第四部分

求职基本方法

一、信息渠道

招聘信息是在择业的准备阶段，经过加工整理，成为求职者选择所从事的职业或工作岗位的有价值的消息、资料、情报等的总和，包括就业形势信息、用人单位需求信息等。求职信息的可靠性、准确性、及时性、全面性，决定着择业决策者的思维深度和广度以及对决策的满意度。尽量充分收集和了解用人单位的规模、性质、开办年月、产品项目、年营业额、人事制度、企业文化、在行业中的排名以及岗位名称、任职条件、工作内容、福利待遇、工作地域及岗位对能力的要求等。

根据自身的特点和求职意向（包括行业、专业对口程度、地域、志趣、薪酬等），有针对性地收集适当的需求信息是毕业生求职的第一个重要环节，毕业生收集需求信息，主要有以下几种渠道：

（一）学校途径

学校毕业生就业工作部门，承担着提供招聘信息、政策咨询、就业指导、就业事务办理等工作职能。学校的就业信息主要通过就业网、微信公众号、校内招聘会、宣讲会、校园公告栏、手机短信等形式发布。学校途径是应届毕业生获取招聘信息最主要、最便捷的途径。

1. 学校就业信息网站

学校就业信息网所发布的招聘信息一般都是经过学校审核和筛选，相对而言招聘信息针对性强、可靠性高、成功率大。

2. 学校毕业生就业工作主管部门的微信公众号

微信公众号发布的招聘信息一般会跟学校就业信息网站同步，很多高校的微信公众号提供就业信息定制、参加招聘活动预约签到、就业方案录入等功能，使用相对方便。同时，就读的二级学院一般有面向毕业生的微信群、QQ 群以及微信公众号，其发布专业相关的就业信息针对性更强。

3. 学校和学院固定宣传栏

一般会与就业信息网和官方微信公众号同步发布比较重要的招聘信息如招聘海报，或者发布不适合网络发布的招聘信息。

4. 大型招聘会、宣讲会等招聘活动

校园招聘会是高校为方便本校应届毕业生与用人单位进行双向选择而组织举办的招聘活动，通常分为综合招聘会及专场招聘会。一般高校在秋季、春季举办校园招聘会，校园专场招聘会则是针对某个行业或某些专业等特定群体的招聘活动。招聘会可以让毕业生与用人单位在相对集中的时间内进行面对面的交流。

宣讲会一般是指用人单位在校园等场所开设与宣传、招聘相关的主题讲座，主要向招聘对象传达相关组织、团体或用人单位的情况、文化价值观、人力资源政策、招聘程序和职位介绍等信息。通过现场公司高管、工作人员的展示与互动，学生可以获取用人单位书面资料以外的实际信息，如招聘人数、简历筛选标准和比例、薪资福利待遇等。

5. 其他高校途径

如果你所学的专业不是学校的优势专业，或许你所学专业的招聘需求数量会比较少，此时，应定期关注相关高校（特别是你所学专业在该校是优势专业的高校）的就业信息网，并积极参加在这些高校举办的招聘活动。如果你的家乡与你所在的学校不是同一个城市，你准备毕业后回家乡就业，则需要关注家乡所在省市同类高校的就业信息网站，这也是你获取招聘信息的有效途径。

（二）亲友途径

毕业生在求职择业时，应尽可能多地利用自己拥有的血缘、地缘、学缘等人脉资源，将自己的求职意向告知亲朋好友、师兄师姐、导师、校友等，并将自己的简历给他们一份，以寻求他们的帮助和内部推荐。同时，也可以在应聘某单位前通过亲友了解行业、单位发展等情况，收集信息。通过生涯人物访谈和目标行业的专业人士特别是校友的会谈，来获取关于行业、职业和用人单位信息。一般来说，通过这种途径得来的信息往往比较可靠。

（三）雇主途径

一些用人单位的网站、微信公众号会及时登载本单位的招聘需求，要有选择地浏览获取。特别是一些大型用人单位通常会在自己的网站发布招聘信息。如果你有足够的自信以及足够的勇气，可以上门自荐，也许你会被前台拒绝，但也许就会遇到你的贵人。除了花费一点时间以外，你还有什么损失呢？这种途径的成功率相对网申要高很多。

（四）其他社会途径

1. 政府公共就业服务机构途径

政府公共就业服务机构网站和微信公众号：如国家人力资源和社会保障部及各地方人力资源和社会保障部门官方网站、新职业（教育部大学生就业网）、国聘网、上海学生就业创业服务网、上海公共招聘网等网站和对应的微信公众号等。

2. 人才市场和毕业生大型招聘会

地方政府、人才中介机构每年都要举办各类人才招聘会，这些人才招聘会部分是面向毕业生的，需求信息量比较大，尽可能提前了解相关情况，广泛收集各单位的需求信息，应聘时做到有的放矢。

3. 社会专业招聘网站

如智联招聘、中华英才、前程无忧、应届生求职网等。这些网站招聘信息量大但同时求职者众多，针对性不强，与所投简历相比，获得面试机会的概率较低。

4. 行业人才网

各行业人才交流中心，如上海市教育人才交流服务中心、上海市卫生人才交流服务中心、国家体育总局人力资源开发中心等人才机构都有相应的网站，例如上海教育人才网、上海卫生人才网等，提供的都是本系统的用人需求，主办单位都是事业单位，可信度高。另外还有许多社会机构举办的行业性人才网站，如拉勾网、船舶人才网、汽车人才网、旅游人才网、测绘人才网、卫生人才网、服装英才网、建筑人才网等，这些网站都专注于细分行业领域求职招聘服务，专业性强。

5. 参与社会实践（实习）

毕业生还可以通过实习或社会实践活动等机会，了解行业和目标单位的情况，了解人才需求状况和岗位要求，结合自身的特质确定自己的努力方向，经过一段时间的实习实践后与用人单位达成双向选择。

（五）信息筛选与运用要注意的问题

（1）渠道不可能只用一种，许多情况下是相互结合、相互补充的。具体使用哪种渠道，因需要获取的信息种类、个人的喜好以及个人具体条件而定，不能一概而论。

（2）辨别就业信息的真伪。首先保证信息获得渠道是正规的，同时要看信息是否完整、企事业单位的资质，岗位职责的描述、薪酬待遇、联系方式、招聘流程等是否符合常规。

（3）学会处理和整理就业信息。分清主次，重点了解与自己相关的信息按重要程度排队，标明并注意留存，一般的信息则仅供参考。

（4）就业信息有很强的时效性，早做抉择，及时输出。及时准备完整的求职材料，及时主动联系。

二、自荐材料

自荐材料的内容主要包括求职信、学校就业推荐表、个人简历、成绩单、附件（证书复印件）等内容。求职信主要表述求职意向与专业特长，学校就业推荐表让用人单位对毕业生有较高的信任度，成绩单让用人单位了解毕业生的学业成果和学习能力，附件各类证书复印件佐证毕业生相应的能力和素质。其中求职信、个人简历的撰写需要多花心思。

（一）求职信

求职信是一种介绍性、自我推荐的信件，是寄给用人单位的一种私人信函，属于简历的附信，它通过表述求职意向和对自身能力的概述，引起对方的重视和兴趣。求职信能够很好地补充简历本身缺乏描述性词语的不足。求职信的一般格式包括称呼、正文、结尾、署名、日期、附录六方面内容。

1. 称呼

求职信的称呼往往比一般书信的称呼正规一些，在实际书写时要区别对待：如果是写给国家机关、事业单位的人事处领导的，用"尊敬的×××处长（或科长）"等称呼；如果是写给三资企业的董事长（或总经理）的，则用"尊敬的××董事长（或总经理）先生"；如果是写给其他类企业厂长的，则可以称之为"尊敬的××厂长（或经理）"；如果是写给大学校长或人事处的，则称之为"尊敬的××教授（或校长、老师等）"。不要使用"××老前辈""××师傅"等称呼。当然，有些求职信，也可以不写姓名，如"尊敬的负责同志""尊敬的董事长先生"等。

2. 正文

这是求职信的中心部分，其形式多种多样，一般要求说明求职信息的来源、应聘岗位、介绍自己的能力、说明胜任某项工作的条件、表示进一步接触的愿望等内容。核心是要表明你和其他申请者有何不同，你对本行业和单位的独特见解，说明你如何利用具备的技能帮助单位发展。

3. 结尾

一般应写明希望对方给予答复，并盼望能有机会参加面试及简短的表示敬意、祝愿之类的祝词。如"祝贵公司兴旺发达""顺祝安康""深表谢意"，也可以用"此致、敬礼"之类的通用词。

4. 署名、日期

在结尾之后的右下方署上自己的姓名。日期一般写在署名下面，最好用阿拉伯数字写，并写上年、月、日。

5. 附件

如学历证书、成绩单、获奖证书、技能证书、论文等复印件。

（二）求职简历

1. 求职目标

这个独立于其他模块，应该放在最前面，并且写具体，例如招聘专员、JAVA 工程师、运营专员、UI 前端等。

2. 个人信息

包括姓名、电话、邮箱、出生年月、现居地等。
性别、年龄、政治面貌、身高、体重等，其实都不是必须的。

3. 教育背景

包括在校时间、学校名称、专业、学历层次，成绩好的可加上排名情况。一行搞定。

4. 实习、校园经历

实习经历中需要写清楚：实习的时间段、实习公司、岗位名称、实习的内容和你取得的成果或业绩。

校园经历可以有效地帮助 HR 了解你的个人特质与个性，同时也是彰显能力与评估发展性的指针。不过要注意的是，并不是每项校园经历对求职者都有帮助，也不是每一次的校内活动都有参考意义，要做整理和选择。

5. 项目经历

这部分对于从事科研或者程序员、工程师或者理工类做项目的同学来说是有用的。通常情况下，不建议应届生写超过一页的简历，但有项目经历的人除外。一个项目，会包含多部分内容，相对属于技术含量较高的经历，这部分经历也是HR非常看重的。因为涉及项目立项、执行、最终成果输出，这一系列流程都是需要管控和执行力的。

如果你有项目经历，建议根据STAR法则去描述。这个法则需要表明的是求职者在一个大环境（S）下，项目的目标（T）是什么，你为实现这个目标采取了哪些措施（A），最终通过你的努力达到了什么样的结果（R）。

6. 获得荣誉

奖励并非越多越好。简单罗列奖项的做法是完全错误的，甚至会起到反效果。你需要将奖励和其他信息一起展现出来，突出你的能力特点，让招聘者一眼看出你是优秀的人才，让奖励事半功倍。

在简历里的"奖励"部分，列出与你所获得的并与你的求职目标相关的荣誉、奖励和奖金。你既可以按时间顺序排列，也可以按与申请工作的相关项排列。

7. 技能证书

英语证书如果分数不高就不用写分数。

计算机技能包括SPSS、CAD、PS、H5等。

如果简历内容不丰富，可以把证书跟技能拆成两部分写，视具体情况而定。

8. 自我评价

自我评价是为了让 HR 看出你的自我认知，真实、客观即可。

9. 兴趣爱好

（1）围绕求职意向写。

（2）能说明你的性格的兴趣，这种性格在工作里是很重要的。

（3）爱好越具体越好。

（4）强项要写，建议写两到三项。

10. 注意点

（1）简历标题至少要有"姓名"+"应聘岗位"。按应聘要求的规定来。

（2）时间顺序均应该使用倒叙排列。

（3）切忌一份简历撒网投，简历一定要针对不同公司个性化定制。

（4）简历不要花哨，不要冗长，把经历删繁就简，去掉跟用人单位的核心需求无关的部分，修饰和丰富用人单位看重的部分。

（5）专业不对口或没有相关经验不要紧，简历取巧也能敲开大门。

（6）对于投递简历到底以附件的形式发送，还是以邮件正文的形式发送，不同的 HR 可能有不同的要求和习惯。一方面，很多公司的 HR 每天要查阅成百上千份简历，如果简历作为附件发送，很有可能因为下载不便而被暂时搁置，导致最后被遗忘。另一方面，一些公司的 HR 习惯先建立简历库，把所有简历下载归类后再分别筛选，便于保存。这样也有可能错失机会，所以在此还是建议求职者在投递简历时将简历同时作为正文和附件发送。

（7）最好储备 2—3 个求职邮箱，如果你的择业方向并不单一，每个邮箱对应一个方向，这样就可以分类接收相关邮件，比如智联招聘上的最新职位信息邮件，方便查阅和选择。

三、面试概览

（一）面试的形式和种类

（1）单独面试、集体面试；

（2）线下面试、电话面试、视频面试；

（3）一次面试、多轮面试、依序面试、逐步面试；

（4）结构化面试、半结构化面试、非结构化面试；

（5）常规面试、案例面试、行为面试、AC面、情景模拟、综合性面试；

（6）专业面试、英文面试；

（7）压力面试、非压力面试。

（二）面试前的准备

（1）确认面试时间、形式与所需资料；

（2）确保设备和网络正常运行；

（3）提炼个人关键词；

（4）面试场所干净整洁；

（5）个人风貌得体精神；

（6）模拟面试练习。

（三）面试常见的十个问题

（1）请做一下自我介绍。

（2）为什么选择这个行业／公司／职位？

（3）最大的优缺点是什么？

（4）怎样看待出差／加班？

（5）过去最大的成就／困难是什么？

（6）未来的职业规划是什么？

（7）有什么兴趣爱好？

（8）还面试了哪几家公司？

（9）对薪酬待遇有什么要求？

（10）还有什么问题？

（四）面试考查能力要点

各行各业的面试对于面试者的能力考查要点各不相同，从总体来说无论应聘哪一类行业，面试官在面试过程中都会主要考察以下九种能力。

（1）仪表风度；

（2）专业知识；

（3）口语表达能力；

（4）综合分析能力；

（5）反应能力与应变能力；

（6）人际交往能力；

（7）自我控制能力与情绪稳定性（抗压能力）；

（8）工作态度；

（9）求职动机。

（五）面试注意事项

（1）前期准备；

（2）着装与语言；

（3）礼仪礼貌；

（4）视频面试方面应注意的相关事项。

（六）几种有难度的面试

1. 情景模拟法

情景模拟法考察形式：根据对象可能担任的职务，编制一套与该职务实际情况相似的测试项目，将被测试者安排在模拟的工作情境中处理可能出现的各种问题，用多种方法来测评其心理素质、潜在能力。

2. AI 面试

面试的时候，除了能力以外，还有很多因素是由面试官判定的，带有一定的主观性，本来符合条件的人可能因此落选。AI 智能面试官相对客观，现在这个离不开互联网的时代里，AI 面试官还能配合大数据，从学习、生活、饮食、家庭、习惯去分析每一个应聘者，并实时分析应聘者的面部表情、肌肉动作等，来判断应聘者的答案真伪、性格倾向，多维度考察候选人是否接近企业的理想人选。

3. 无领导小组讨论

无领导小组讨论采用情景模拟的方式对应聘者进行集体面试。无领导小组是通过一定数目的应聘者组成一组（6—9 人），进行一小时左右时间的与工作有关问题的讨论。讨论过程中不指定谁是领导，也不指定受测者应坐的位置，让受测者自行安排组织，评价者来观测应聘者的组织协调能力、口头表达能力、辩论的说服能力等各方面的能力和素质是否达到拟任岗位的要求，以及自信程度、进取心、情绪稳定性、反应灵活性等个性特点是否符合拟任岗位的团体气氛，由此来综合评价考生之间的差别。

一、为毕业生提供就业服务的主要机构

(一)公共就业和人才服务机构

由各级人力资源和社会保障部门举办的公共就业和人才服务机构,为高校毕业生免费提供政策咨询、就业信息、职业指导、职业介绍、就业援助、就业与失业登记或求职登记等各项公共服务,按规定为登记失业高校毕业生免费提供人事档案管理等服务。此外,还定期开展面向高校毕业生的公共就业和人才服务专项活动,比如每年5月"民营企业招聘周"、每年9月"高校毕业生就业服务月"、每年11月"高校毕业生就业服务周"等,为高校毕业生和用人单位搭建供需对接平台。

上海市公共招聘网:http://www.rsj.sh.gov.cn/zp3/jqzp.jsp。

(二)高校毕业生就业指导机构

目前,各省教育部门、各高校普遍建立了高校毕业生就业指导机构,为毕业生提供就业咨询、用人单位招聘及实习实训信息、求职技巧、职业生涯辅导、毕业生推荐、实习实践能力提升和就业手续办理等多项就业指导和服务。

上海学生就业创业服务网:https://www.firstjob.shec.edu.cn/。

二、帮扶及资助政策

从 2013 年起，对享受城乡居民最低生活保障家庭、获得国家助学贷款的毕业年度内高校毕业生，可给予一次性求职创业补贴，补贴标准由各省级财政、人力资源和社会保障部门会同有关部门根据当地实际制定，所需资金按规定列入就业专项资金支出范围。

上海市求职创业补贴政策请参考 2018 年文件《关于进一步完善本市高校毕业生求职创业补贴发放工作的通知》（沪人社规〔2018〕23 号）。

为引导和鼓励高校毕业生面向中西部地区和艰苦边远地区基层单位就业，财政部、教育部决定对地方普通高校全日制应届毕业生中自愿到中西部地区和艰苦边远地区县以下基层单位工作、服务期合同达到三年以上（含三年）的学生，实施相应的学费或助学贷款代偿。具体根据上海市教育委员会、上海市财政局、上海市退役军人事务局、上海市人民政府征兵办公室印发的《上海市普通高等学校学生资助资金管理实施办法》（沪教委规〔2020〕2 号）有关规定执行。

三、办理就业登记和失业登记，获得就业指导和服务

在法定劳动年龄内、有劳动能力和就业要求、处于无业状态的城镇常住人员，可以到常住地的公共就业服务机构进行失业登记。各地公共就业服务机构要为登记失业的各类人员提供均等化的政策咨询、职业指导、职业介绍等公共就业服务和普惠性就业政策，并逐步使外来劳动者与当地户籍人口享受同等的就业扶持政策。将"就业失业登记证"调整为"就业创业证"，免费发放，作为劳动者享受公共就业服务及就业扶持政策的凭证。有条件的地方可积极推动社会保障卡在就业领域的应用。

四、离校未就业毕业生可享受的服务和政策

按照《国务院办公厅关于做好 2013 年全国普通高等学校毕业生就业工作的通知》(国办发〔2013〕35 号)和《人力资源社会保障部关于实施离校未就业高校毕业生就业促进计划的通知》(人社部发〔2013〕41 号)要求,为做好离校未就业高校毕业生就业工作,从 2013 年起实施离校未就业高校毕业生就业促进计划:

(1)地方各级人社部门所属公共就业人才服务机构和基层公共就业服务平台要面向所有离校未就业高校毕业生(包括户籍不在本地的高校毕业生)开放,办理求职登记或失业登记手续,发放"就业创业证",摸清就业服务需求。其中,直辖市为非本地户籍高校毕业生办理失业登记办法按现行规定执行。

(2)对实名登记的所有未就业高校毕业生提供更具针对性的职业指导。

(3)对有求职意愿的高校毕业生要及时提供就业信息。

(4)对有创业意愿的高校毕业生,各地要纳入当地创业服务体系,提供政策咨询、项目开发、创业培训、融资服务、跟踪扶持等"一条龙"创业服务。及时提供就业信息。

(5)要将零就业家庭、经济困难家庭、残疾等就业困难的未就业高校毕业生列为重点工作对象,提供"一对一"个性化就业帮扶,确保实现就业。

(6)对有就业见习意愿的高校毕业生,各地要及时纳入就业见习工作对象范围,确保能够随时参加。

(7)对有培训意愿的离校未就业高校毕业生,各地要结合其专业特点,组织参加职业培训和技能鉴定,按规定落实相关补贴政策。

(8)地方各级公共就业人才服务机构要为离校未就业高校毕业生免费提供档案托管、人事代理、社会保险办理和接续等一系列服务,简化服

务流程，提高服务效率；有条件的地方可对到小微企业就业的离校未就业高校毕业生，提供免费的人事劳动保障代理服务。

（9）加大人力资源市场监管力度，严厉打击招聘过程中的欺诈行为，及时纠正性别歧视和其他各类就业歧视。加大劳动用工、缴纳社会保险费等方面的劳动保障监察力度，切实维护高校毕业生就业后的合法权益。

按照《教育部关于应对新冠肺炎疫情做好2020届全国普通高等学校毕业生就业创业工作的通知》（教学〔2020〕2号）要求，适当延长毕业生择业时间。各地各高校可视情况适当延长就业签约时间，及时为已落实工作单位的毕业生办理就业手续。要配合有关部门引导用人单位推迟面试和录取时间，对延迟离校应届毕业生推迟报到、落户等时限。要与人力资源和社会保障部门做好离校未就业毕业生信息衔接和服务接续工作，为离校未就业毕业生持续提供就业服务。对离校时未落实工作单位的高校毕业生，可按规定将户口、档案在学校保留两年，并为落实单位的毕业生按应届毕业生身份及时办理就业手续。

五、就业权益保护的方法与途径

（一）增强维权意识，加强自我保护

1. 增强维权意识，主动了解大学生就业政策和法律规定

毕业生应主动了解国家关于大学生就业的政策和法律规定，熟悉毕业生在就业过程中的权利和义务，这是大学生就业权益保护的重要前提。同时，按照国家法律规定，毕业生在就业报到后应享受正常的福利待遇，如社保、年休假等；对某些岗位的特殊体质要求，用人单位应在与毕业生签约时就明确，否则不得以单位体检不合格为由将学生退回学校。

2. 依法依规就业，慎重签订就业协议书或劳动合同

就业协议书是由教育行政部门统一制定的明确毕业生个人、用人单位、学校三方在毕业生就业过程中的权利和义务的书面文本。毕业生在签订就业协议及其补充条款时要注意查明用人单位的主体资格是否合法，看清协议条款是否明确合法，签订就业协议的程序是否完备，违约责任的界定是否明确等，切忌盲目填写。

劳动合同是用人单位与劳动者依法进行双向选择，确定劳动关系，明确双方权利和义务而达成的书面协议，是保护劳动者合法权益的基本依据。依照《劳动合同法》规定，订立劳动合同，应当遵循合法公平、平等自愿、协商一致、诚信实用的原则。依法订立的劳动合同具有约束力。

3. 增强风险防范意识，维护自身合法权益

一方面，毕业生在就业过程中应本着诚实、守信的原则，以自身实力参与竞争。另一方面，也要自觉增强风险防范意识，对于有些用人单位招聘人员时使用夸大待遇条件等欺骗手段的做法要有提防戒备心理，预防伤害自身合法权益行为的发生。由于高校毕业生就业市场尚不够成熟完善、法律法规有待健全等原因，在就业过程中难免会出现侵害毕业生合法权益的情况。一经发现，毕业生有权向用人单位上级主管部门提出申请，也可提交当地劳动争议仲裁机构进行调节和仲裁，或直接向人民法院提起诉讼。

（二）就业主管部门的监管与保护

毕业生就业主管部门通过制定相应的规范来确保毕业生的权益，并对侵犯毕业生权益的行为予以相应查处。如《人力资源市场暂行条例》第二十四条明确规定："用人单位发布或者向人力资源服务机构提供的单位基本情况、招聘人数、招聘条件、工作内容、工作地点、基本劳动报酬等招聘信息，应当真实、合法，不得含有民族、种族、性别、宗教

信仰等方面的歧视性内容。用人单位自主招用人员，需要建立劳动关系的，应当依法与劳动者订立劳动合同，并按照国家有关规定办理社会保险等相关手续。"

（三）毕业生就业权益的救济途径

针对侵害就业权益的行为，主要有以下救济途径：毕业生和用人单位通过学校进行协商；由地方就业主管部门进行调解；毕业生向劳动争议仲裁委员会申请仲裁；向法院提起诉讼。在实际运用过程中，前两种方法效率高，易于操作；后两种程序复杂，但更具权威性。

第六部分

常见的就业指导问答

一、毕业生就业需要做哪些准备？

1. 确定合理的就业目标和择业标准

合理的就业目标主要包括两个方面：一是就业的主要目标。应把能充分运用自己所学专业知识的职业作为自己就业的主要目标。二是就业的次要目标。这是根据自己的兴趣、爱好，利用课余时间，通过自学等途径，学习有关知识，培养能力，决定与自己兴趣、爱好相一致的就业目标。

2. 个人简历与证明材料

要写好求职的个人简历，荣誉证书、成绩单等相关证明材料也应该准备齐全，以备用人单位查阅。

3. 就业信息的收集

详见第四部分"信息渠道"的内容。

4. 心理的预期准备

求职路并不是一条坦途，请记住，生命中所有的困难最终的目的不是为了击败你而是为了锻炼你、提高你，抓住机会锤炼自己，相信成功就在不远处等着你！

二、签订三方协议应该注意的事项是什么？

毕业生要与用人单位认真核对协议书上的信息，单位名称、档案转寄单位名称等内容必须完整、规范填写，对违约责任条款、补充条款等要逐条确认。

三、签订就业协议书的权利、义务、责任包括什么？

就业协议书明确规定了用人单位（甲方）与毕业生（乙方）的责任、权利和义务，甲、乙双方经协商签订协议书后，无论学校盖章与否，协议书都将具有法律效力，不能随意更改。学校将依据毕业生就业协议书编制就业计划并监督甲、乙双方履行毕业生就业协议书所商定的各项权利和义务。毕业生一旦签约，应信守协议。如果毕业生因本人原因单方面毁约，必须征得原签约单位的同意，在协议书中约定违约金的，还应与单位处理好违约金事宜，由用人单位出具同意解约的书面证明。

四、户口如何转迁？

毕业生毕业离校时，由学校保卫部门出具证明，必须是毕业生本人到辖区公安机关按规定办理毕业生的户口迁移。领到户口迁移证后，毕业生应仔细核对并妥善保管，不要污损，更不能丢失，如有错误须由发证机关更改，不能自行涂改，否则作废。

五、未就业的毕业生如何办理相关手续？

1. 非上海生源

毕业离校时，未就业毕业生户口档案可转回生源地，未就业毕业生按规定可以办理回省就业报到证，户籍迁入学校的毕业生到保卫处领取户口迁移证后，凭就业报到证和户口迁移证到生源所在地就业主管部门办理报到、落户手续。

2. 上海生源

未就业上海生源档案要在毕业离校时转回户口所在区就业促进中心。

六、地方人才引进政策对毕业生就业有什么影响？

全国各地都出台了针对大学毕业生的人才引进政策，目前深圳、广州、杭州、天津、南京、成都、沈阳、石家庄、郑州、武汉、长沙、海南、济南等多个城市都有面向大学毕业生先落户后就业的相关政策。具体政策内容可以前往各地人力资源和社会保障部门网站或者政务大厅进行查询和咨询。上海高校毕业生到各地先落户后就业办理就业报到证需在空白就业协议书上盖章。

七、到用人单位报到需要带哪些材料？

毕业生到用人单位报到，请咨询用人单位人事部门，根据单位人事部门要求携带相关材料，一般包括毕业证书、就业报到证等。

八、毕业生档案一般包含哪些内容？

毕业生档案是毕业生在校期间学习、生活及参加各种社会实践活动的真实记录，里面的内容包括：高等学校学生入学登记表、高等学校毕业生登记表、历年学习成绩单、党团材料、奖惩材料、报到证的白联（就业通知书）等。毕业生离校时，档案和户口会随着毕业去向发生转移。

九、考研、保研的毕业生如何转迁档案？

考研、保研毕业生将调档函交到学校档案管理部门，再由档案管理部门将毕业生档案转寄到对方院校。

十、出国留学的毕业生如何办理户口、档案？

申请出国留学的毕业生需要在毕业当年将户口、档案转到生源地，非上海生源办理回省就业报到证。

十一、升学毕业生调整去向如何办理就业手续？

（1）推免录取研究生，录取之后提出不再攻读的，需录取学校提供相关证明，方可调整就业去向。

（2）退学的研究生，按已有毕业生学历和就业政策可以就业的，在规定期限内（不超过两年）可由原毕业学校办理就业手续，超过规定期限的，不再办理就业手续。

（3）毕业去向为专升本、双学位的毕业生，录取之后不再攻读或退学的，由原毕业生学校办理就业手续。

十二、定向生就业如何办理？

（1）"非西藏生源定向西藏就业计划""少数民族高层次骨干人才计划""教育部直属师范院校招收的西藏新疆高中班公费师范生"等教育部或国家其他部门定向招生文件明确规定定向就业的类型，按定向就业。

（2）不属于指导性定向招生就业计划的定向生（由具体用人单位定向、委托培养）进沪就业，按照沪教委学〔2013〕45号文件要求，对因故提出解除定向协议的学生，由高校依据政策规定和协议书审核通过并报教委备案后，可以提供部分就业服务。

十三、就业协议解除有哪几种情况？

1. 用人单位违约解除

用人单位违约是指因用人单位方面原因造成的就业协议无法履行的情况。违约的原因一般包含单位经营困难导致裁员、岗位撤销、破产、用人单位用人计划发生重大变动等。用人单位违约应承担违约责任，并为毕业生开具写明原因的正式书面解约函。

2. 毕业生违约解除

毕业生违约是指因毕业生个人原因造成的就业协议无法履行的情况。违约的原因一般包含已签约毕业生又与别的单位达成就业意向、已签约毕业生准备继续考研或出国、已签约毕业生对用人单位工作条件不满意等。毕业生违约也应承担协议约定的违约责任，因此毕业生在签订就业协议书前应慎重考虑。

3. 约定解除

在就业协议签订时，签约各方以备注条款或其他书面形式约定当某种情形或条件发生时就业协议自动解除，任何一方均不被视为违约，也无须承担相应违约责任。

十四、就业协议书与劳动合同（广义）的区别？

1. 主体不同

就业协议书是三方主体，涉及培养院校、毕业生、用人单位；劳动合同是双方合同，只涉及毕业生和用人单位。

2. 内容不同

就业协议书仅仅是在毕业生和用人单位在确立劳动关系之前，在规定期限内就确定就业关系、明确双方权利和义务而达成的书面协议，一般不涉及毕业生到用人单位后所享有的权利和义务；劳动合同更进一步确立了双方的权利和义务，其内容涉及劳动报酬、劳动保护、工作内容、具体劳动纪律、服务期限、违约责任等方面，内容更为具体，劳动权利和义务更为明确。

3. 签订时间不同

就业协议书的签订一般先于劳动合同。

4. 合同有效期不同

就业协议书自签订日期起至毕业生到单位报到、单位正式接收后自行终止；劳动合同有效期由毕业生和用人单位协商约定。

十五、什么是试用期、服务期？

1. 试用期

试用期是用人单位与毕业生在劳动合同中约定的相互适应的时间阶段。试用期的开始也是劳动关系的开始。试用人员在试用期间，应该与用人单位本着平等自愿、协商一致的原则签订合同并加以约定。我国现行的劳动法及相关法规对试用期问题作出了明确规定，如《劳动合同法》第十九条规定："劳动合同期限三个月以上不满一年的，试用期不得超过一个月；劳动合同期限一年以上不满三年的，试用期不得超过二个月；三年以上固定期限和无固定期限的劳动合同，试用期不得超过六个月。同一用人单位与同一劳动者只能约定一次试用期。以完成一定工作任务为期限的劳动合同或者劳动合同期限不满三个月的，不得约定试用期。试用期包含在劳动合同期限内。劳动合同仅约定试用期的，试用期不成立，该期限为劳动合同期限。"

2. 服务期

服务期主要是指劳动合同的服务期限，即签订几年的劳动合同。

十六、什么是薪酬、保险？

1. 薪酬

用人单位所说的月薪，通常是指税前未扣除保险和住房公积金的薪水，而求职者心目中的薪水一般是指实际收到的金额。两者之间有一定差距，因此在谈薪酬的时候，要了解清楚，明确是应发还是实发。

2. 五险一金

五险指的是养老保险、医疗保险、失业保险、工伤保险和生育保险五种，其中，养老保险、医疗保险和失业保险是由用人单位和职工个人共同缴纳的保费；工伤保险和生育保险完全由用人单位承担，职工个人不需要缴纳。一金指的是住房公积金。

要注意的是，五险是法定的，而一金则不是法定的。

（1）养老保险。

基本养老保险费由用人单位和职工个人共同负担，用人单位依法缴纳基本养老保险费，缴费比例一般为用人单位工资总额的 20% 左右，用人单位缴费部分不划入职工个人账户，全部纳入社会统筹基金，并以省（自治区、直辖市）为单位进行调剂。养老保险社会统筹基金纳入财政专户，实行收支两条线管理，严禁截留、挤占、挪用。

（2）医疗保险。

医疗保险费由用人单位和职工个人共同缴纳，由医疗保险机构支付，以解决劳动者因患病或受伤害带来的医疗风险。

（3）失业保险。

失业保险待遇由失业保险金、医疗补助金、丧葬补助金和抚恤金、职业培训和职业介绍补贴等构成。

（4）工伤保险。

工伤保险指国家和社会为在生产、工作中遭受事故伤害和患职业性疾病的劳动者及家属提供医疗救治、生活保障、经济补偿、医疗和职业康复等物质帮助的一种社会保障制度。

（5）生育保险。

生育保险制度实行属地化管理。由用人单位按其工资总额的一定比例向社会保险经办机构缴纳生育保险费，建立生育保险基金，职工个人不缴纳生育保险费。

（6）住房公积金。

住房公积金指国家机关、国有企业、城镇集体企业、外商投资企业、城镇私营企业及其他城镇企业、事业单位为其在职职工缴存的长期住房储备金。

住房公积金制度是一种兼顾社会性、互助性、政策性的住房社会保障制度。通过由职工个人与用人单位分别按照职工工资的一定比例逐月强制缴存的方式，为职工家庭住房消费提供法定资金保障和储蓄积累，并在参缴职工之间形成互助性融资机制。

职工个人缴存的住房公积金和职工所在单位为职工缴存的住房公积金，实行专户存储，属于职工个人所有。职工个人拥有的住房公积金，主要用于支付职工家庭购买、自建自住住房、私房翻修和大修等费用。如果资金不足，可向公积金管理部门申请贷款，由职工个人定期偿还。

十七、什么是人事代理制度？

人事代理制度是指县级及以上人事行政部门下属的公共人才流动服务机构依据国家有关人事政策法规，接受用人单位或个人委托，对其人事业务实行集中、规范、统一的社会化管理和系列服务的一种人事管理制度。

人事代理机构的服务范围。人事代理制度属于人才交流服务范畴，代理机构一般向委托代理方提供人事政策咨询服务；管理人事档案服务；为国家承认学历的大中专毕业生提供人事代理服务；接转党团组织关系，建立流动人员党团组织，开展组织活动；代办失业、养老等社会保险业务服务；代办人才招聘服务；制订培训计划并受委托进行岗位培训；开展人才测评服务；等等。

人事代理制度中与毕业生有关的规定和内容如下：

（1）三资企业、私营企业、股份制企业、民办科研机构等无主管部门和不具有人事管理权限的用人单位招聘的职工均办理委托人事代理。

（2）单位委托人事代理的大中专毕业生在见习期的考核、转正定级手续，由用人单位按期向代理方提供这些毕业生的工作表现等书面材料，代理方负责办理。

（3）单位委托人事代理的大中专毕业生在见习期间如果解除了聘用合同，可以应聘到其他单位工作。代理方负责毕业生的见习期管理。

十八、大学生初入职场有哪些需要注意的事项？

1. 调整心态，尽快度过职场适应期

职场人角色跟学生角色在所处环境、所需技能、评价标准等方面都存在很大不同，进入职场的毕业生要尽快调整心态，了解职场规则，熟悉职场环境，完成角色之间的转换，顺利度过职场适应期。

2. 放低姿态，眼光要长远

初入职场的大学生，工作之初通常都有远大的理想和抱负，所以对工作会抱有很高的期望。但是任何工作都是由琐碎的小事组成，干得好小事，才有可能做得了大事。所以职场新人应该不怕吃苦、不怕付出、不计较得失、不纠结于眼前，以空杯的心态对待每一件工作，踏踏实实地把每一件事情做好。

3. 树立终身学习的心态

人生任何阶段都需要学习，无论是职场零基础的新人还是具备丰富经验的老人，面对不断更新的知识结构和行业情况变化，要树立起终身学习的态度，养成终身学习的习惯，不断提升自身的职业发展能力。

4. 树立主动意识、责任意识和担当意识

机遇是留给有准备的人的，所谓有准备就是指承担了重要职责，并在重要职责上进行了能力提升和经验积累。所以初入职场的新人要在工作中保持积极主动的心态，在工作中愿意承担责任、敢于承担责任、勇于承担责任，更要有担当意识和自省意识，当工作中出现问题时，要敢于承认错误、改正错误。

一、非上海生源毕业生进沪就业工作政策

上海市教委、市发展改革委、市人社局和市公安局每年联合发布非上海生源应届普通高校毕业生进沪就业工作的通知,对非上海生源应届高校毕业生进沪就业工作做全面安排。非上海生源应届毕业生可根据通知的相关要求,办理落户、居住证等有关手续。

(一)相关政策

(1)《上海市教育委员会 上海市发展和改革委员会 上海市人力资源和社会保障局 上海市公安局关于做好2021年非上海生源应届普通高校毕业生进沪就业工作的通知》(沪教委学〔2021〕21号)

(2)《2021年非上海生源应届普通高校毕业生进沪就业申请本市户籍评分办法》

（二）政策解读

1. 用人单位条件

用人单位是非上海生源毕业生进沪就业申请落户的申请主体。符合下列条件之一的用人单位，直接录用非上海生源毕业生的，可以为录用人员申请本市户籍：

（1）本市行政区域内的党政机关；

（2）在本市登记的事业单位、社会团体、基金会、社会服务机构（民办非企业单位）；

（3）符合本市产业发展方向、信誉良好、注册资金达到人民币100万元（含）以上的企业，且在2020年5月31日前在本市注册登记（非上海生源毕业生最高学历阶段自主创业并担任企业法定代表人，为本人申请办理本市户籍的，不受上述注册资金和注册登记时间限制）；

（4）不符合上述条件的用人单位如确需引进非上海生源毕业生的，须在2021年6月18日前由其政府主管部门、所在区政府或市级以上开发园区主管机构的人力资源工作部门，以正式公文形式向上海市高校招生和就业工作联席会议（以下简称"联席会议"）办公室提出申请（由上海市学生事务中心受理）。

审核中发现用人单位存在疑似弄虚作假情形的，将进一步加大核查力度，必要时组织相关专家进行评审鉴定。联席会议将根据专家评审结果综合考量后作出决议。情节特别恶劣的，取消其下一年度申报资格。

用人单位2020年度与所录用并办理落户的非上海生源应届毕业生全部解除劳动（聘用）关系的，该单位2021年提出的落户申请将不予核准。

2. 非上海生源毕业生条件

非上海生源毕业生符合以下条件，可以由用人单位为其申请办理本市户籍：

（1）遵守法律法规及学校规章制度；

（2）列入普通高校国家统一招生计划，不属于定向和委托培养，完成学业并于当年取得相应的毕业证书和学位证书；

（3）在校期间未与任何用人单位存在劳动关系或人事聘用关系，未缴纳社会保险（非上海生源毕业生最高学历阶段自主创业并担任企业法定代表人，以自主创业形式为本人申请办理本市户籍，并由该企业为其缴纳社会保险的，不受该条件限制）；

（4）与符合前文规定申请条件的用人单位签订劳动或聘用合同期为一年及以上的就业协议。中介机构的派遣人员不予受理。

3. 符合基本条件直接落户情况

（1）应届毕业博士研究生；

（2）"世界一流大学建设高校"应届硕士毕业生，中科院在沪各研究所、上海科技大学、上海纽约大学应届硕士毕业生参照"世界一流大学建设高校"执行；

（3）"世界一流学科建设高校"建设学科应届硕士毕业生；

（4）北京大学、清华大学、在沪"世界一流大学建设高校"（列入普通高校国家统一招生计划，全日制且完成学业取得相应的毕业证书和学位证书）的应届毕业生。

二、北京市引进非北京生源毕业生政策

为更好地服务首都"四个中心"功能建设，落实《北京城市总体规划（2016年—2035年）》要求，发挥引进非北京生源毕业生工作人才储备作用，北京市人力社保局制定了《北京市引进非北京生源毕业生工作管理办法》（京人社毕发〔2021〕22号）（以下简称《管理办法》），实行统一政策、分级管理、多元评价，建立权责一致、分工合理、决策

科学、公开透明、监督有力的管理机制，营造开放、规范、有效的毕业生选拔培养环境。

《管理办法》共7章26条，分为"总则、指标管理、引进条件、办理流程、决策程序、监督管理责任、附则"，对引进毕业生工作全过程作出明确规定。

（一）相关政策

（1）《北京市人力资源和社会保障局关于印发〈北京市引进非北京生源毕业生工作管理办法〉的通知》（京人社毕发〔2021〕22号）

（2）《北京市人民政府办公厅关于印发〈北京市积分落户政策管理办法〉的通知》（京政办发〔2020〕9号）

（二）政策解读

1. 引进毕业生用人单位条件

用人单位原则上应在本市行政区域内注册登记满1年以上，且经营状况和单位信用良好，无违法、违规记录。

2. 引进毕业生学历及年龄要求

（1）引进毕业生原则上应具有研究生学历。引进当年博士研究生一般不超过35周岁，硕士研究生一般不超过27周岁。其中，教育、医疗卫生系统引进硕士研究生一般不超过30周岁。

（2）文化、体育系统和郊区用人单位可适当引进本科毕业生。引进当年本科毕业生一般不超过24周岁，毕业院校为北京地区全日制普通高等学校、京外地区一流大学建设高校和一流学科建设高校。

3. 引进毕业生专业要求

引进毕业生所学专业应符合用人单位主营业务或转型发展需要,与岗位匹配度较高。

4. 在校或休学期间创业的毕业生可申请办理引进

(1)毕业生本人为创业企业发起人或主要创始人;

(2)创业企业创办时本人持有股份比例不低于10%(不包含股份转让、后期入股等情形);

(3)创业企业属于高精尖、文化创意等本市重点支持发展的产业,创新创业成效突出。

5. 不占引进指标的几种情况

(1)北京市考试录用公务员、大学生村官(选调生)、退役大学生士兵、特岗计划乡村教师及按照本市特定政策和要求办理引进的毕业生,实行计划单列,不占引进指标。

(2)父母为北京支边人员,且在本市有直系亲属需要照顾的毕业生;

(3)父母为北京知青,且在本市有直系亲属需要照顾的毕业生;

(4)上学期间,父母双方均已调京且具有本市常住户口的毕业生;

(5)高精尖产业用人单位、优秀创新创业团队、市属高校和医疗卫生机构引进的优秀博士研究生,不占引进指标。

6. 实(见)习期内离职或实(见)习期内考察不合格将停止办理落户

毕业生实(见)习期内主动离职或实(见)习期内考察不合格,并经延长考察期仍不合格的,可由用人单位申请,经主管单位审核,报市人力社保局批准撤销其《接收函》,停止办理落户。

三、深圳市接受非深圳户籍应届毕业生政策

深圳市为引进更多优秀毕业生到深圳工作,实施相对宽松的普通高校应届毕业生接收落户政策。

(一)接收条件

毕业生符合下列条件,可申请办理毕业生接收:

(1)具有全日制大专以上普通高等教育学历;

(2)身体健康;

(3)未参加国家禁止的组织及活动,无刑事犯罪记录。

(二)办理方式

毕业生可选择以下其中一种方式办理毕业生接收手续:

(1)单位申办。由接收单位申办毕业生接收手续。

(2)个人申办。毕业生本人直接申办毕业生接收手续。

(3)个人委托代理机构申办。毕业生以个人名义委托人才引进代理机构申办毕业生接收手续。

(三)申办流程

(1)毕业生登陆"广东政务服务网深圳市"(http://www.gdzwfw.gov.cn/?region=440300)或"人才引进系统"(https://hrsspub.sz.gov.cn/rcyj/),在个人用户登录处注册个人账户并实名认证,在系统上选择"接收毕业生",按照系统要求填写个人信息。

广东政务服务网(深圳市)

广东政务服务网(人才引进系统)

单位申办的毕业生，填写个人信息并选择接收单位后保存，再与接收单位经办人联系。单位经办人审核信息后提交，并打印《毕业生接收申请表》交给毕业生。

个人申办的毕业生，填写个人信息后点击"保存"，并提交测评。测评通过后打印《毕业生接收申请表》。

个人委托代理机构申办的毕业生，填写个人信息后选择所委托的代理机构后保存，并与所委托的代理机构联系，与其签订委托代理协议并领取《毕业生接收申请表》。

（2）毕业生持《毕业生接收申请表》回毕业院校办理派遣手续，到户籍地办理户籍迁移手续。

（3）毕业生扫描上传《毕业生接收申请表》、毕业证、学历验证报告、身份证等材料并提交系统，待系统显示"学历信息审核通过"后，等待公安部门短信通知，按照短信通知和《毕业生接收申请表》要求，持就业报到证原件、复印件及户籍迁入材料前往公安部门办理户籍迁入，无须到人力资源部门办理报到手续。

（四）办理时间

全年度工作日。

四、杭州市引进非杭州生源毕业生政策

应届高校毕业生在杭州就业落户，一般情况下分为两种情况：普通高校本专科（含高职）学历毕业生需"先就业，后落户"；研究生及以上学历的应届毕业生可以"先落户，后就业"。

（一）本专科应届毕业生落户条件

在杭州市落实工作单位，与单位签订就业协议或者劳动合同。在杭州市自主创业的普通高校毕业生，可与所创办企业签订就业协议。

（二）研究生及以上学历应届毕业生落户条件

（1）具有国内普通高等学校研究生及以上学历，并且有意向在杭州就业。

（2）档案在学校未被派遣，且就业报到证未开具。

"研究生先落户后就业"的，档案统一申请挂靠在杭州市人才服务局。

（三）申办方式

凡意向在杭就业，并与杭州市、区（县、市）属用人单位签订就业协议或劳动合同，或被机关事业单位招考录用的应届普通高校毕业生，均可通过网上办理方式：登录浙江政务服务网（https://www.zjzwfw.gov.cn）注册申请，并自行打印《杭州市高校毕业生就业接收函》办理在杭就业手续。

浙江政务服务网

（四）办理时间

应届毕业生办理落户必须在毕业当年年底（12月31日）前办结。跨年度的高校毕业生按照人才引进政策办理。

（五）全日制普通高校大专以上学历人才引进条件

（1）具有全日制大专学历者（35周岁以下，不含35周岁），在杭落实工作单位并由用人单位正常缴纳社保。

（2）具有全日制普通高校本科学历者（45周岁以下，不含45周岁），在杭落实工作单位并由用人单位正常缴纳社保。

（3）全日制普通高校硕士研究生（50 周岁以下，不含 50 周岁）、全日制普通高校博士研究生（55 周岁以下，不含 55 周岁），可享受"先落户、后就业"政策。

（4）随迁条件：全日制大学专科（高职）学历以上人才可随迁配偶和未成年子女。

五、天津、西安、南京、武汉等新一线城市引进高校毕业生政策

相比较于北京、上海，其他城市接收毕业生的条件要求相对较低，特别是近三年来，天津、西安、南京、武汉等新一线城市接连出台了一系列人才引进政策，门槛大大降低，政策力度之大前所未有。毕业生可到各省（直辖市、自治区）人力资源和社会保障厅（局）网站查询。

（一）天津市引进高校毕业生政策

为满足经济和社会发展的需要，天津市执行引进应届毕业生不受进津指标限制的政策，凡取得全国普通高校本科以上学历并获得学士以上学位的优秀毕业生，在津落实接收单位，均可进津就业（定向、委培毕业生按定向、委培协议就业）。

对于进津就业的非津生源毕业生，取消"毕业生进津就业申请表"，各省（自治区、直辖市）有关高校以毕业生与用人单位签订的《全国普通高等学校毕业生就业协议书》等为依据，办理就业手续。

对已在天津落实就业单位的毕业生，直接将就业报到证派至用人单位。用人单位有档案保管权限的，可按照单位和毕业生的要求将档案直接寄到用人单位；用人单位无档案保管权限的，可将档案直接寄至天津市大中专毕业生就业指导中心。

未落实就业单位的津外生源毕业生，可按照 2018 年 5 月 16 日发布的"海河英才计划"先落户后就业。

全日制普通高校毕业，本科生一般不超过 40 周岁；具有硕士学位的研究生，一般不超过 45 周岁；具有博士学位的研究生，年龄不受限制；均可直接登录"天津公安"手机 APP 或"天津公安民生服务平台"微信公众号申请在天津落户。无就业单位的来津人才，在中国北方人才市场人才集体户存档后办理落户手续。

（二）西安市引进高校毕业生政策

西安市委办公厅、市政府办公厅印发《关于试行促进大学生在西安就业创业的意见》（市办字〔2020〕55 号），从优化环境、拓宽渠道、完善扶持措施以及加强组织保障等四方面，提出了 20 条试行意见。

（1）放宽落户条件。为大学生在西安就业创业开设落户绿色通道，在校大学生持学生证、身份证即可办理落户手续。具有本科以下学历、年龄在 45 周岁（含）以下的毕业大学生，持有毕业证书原件及身份证即可办理落户手续；具有本科（含）以上学历的，不受年龄限制。

（2）直通人才认定。凡有意愿在西安市就业创业的西安高校大学生，离校前凭学生证及高校就业指导机构出具的推荐信或与西安单位签订的就业协议等，即可通过西安市人社局设在高校的人才认定端口，由高校统一申请 D 类或 E 类人才，认定通过后，离校前可获得西安市人才认定证书。

（3）强化安居保障。大学生经西安市人社局认定，最高可在 3 年内享受 D 类人才 1000 元/月租房补贴、E 类人才 300 元/月租房补贴，或申请共有产权房。市属、区县或开发区属事业单位新招聘的博士研究生以及急需紧缺专业硕士研究生，可分别享受 5 年共 15 万元、5 万元安家补助。

（4）营造良好氛围。积极开展"万名学子看西安""留学回国人才招聘节""高端人才西安行"等系列活动，让大学生走进西安、了解西安、留在西安、融入西安。

（三）南京市引进高校毕业生政策

2018年1月，南京市实施青年大学生"宁聚计划"，进一步放宽放开本科以上学历人才落户的条件，不再以就业为落户前提，制定了先落户后就业政策。

2018年2月27日，南京市公安局、南京市人社局发布《南京市关于大学本科及以上学历人才和技术技能人才来宁落户的实施办法（试行）》（宁公规〔2018〕1号），规定凡取得研究生以上学历或年龄在40周岁以下的本科毕业生凭入户申请书、居民户口簿和居民身份证、《教育部学历证书电子注册备案表》或《中国高等教育学历认证报告》可直接落户南京。

2019年2月25日，南京市公安局和南京市人社局又发文将即将到期的试行文件（宁公规〔2018〕1号）有效期顺延一年，即有效期延长至2020年2月29日。

2020年2月25日，南京市公安局和南京市人力资源和社会保障局发文关于继续实施《南京市关于大学本科及以上学历人才和技术技能人才来宁落户的实施办法》的通知（宁公规〔2020〕1号）。

2018年5月，南京市公安局发文（宁公规〔2018〕2号）简化办事手续，提高落户便民化水平：

（1）在宁高校的毕业生可以委托学校，集中提交落户申请。

（2）对于在宁高校应届毕业生，但尚未取得学历证书电子注册备案表的，可以凭所在高校审核确认的《在宁高校毕业生入户申请书》等材料提交落户申请。

（3）对于已将户口迁入学校学生集体户的在宁高校毕业生，公安机关凭《迁移证》等直接办理落户手续，不再签发《准予迁入证明》。

（4）按照宁公规〔2018〕1号政策通过户籍窗口线下提交落户申请的，申请人不再需要提交户口簿复印件，由公安机关现场核验原件即可。

（5）在南京市已就业的，申请落户在单位集体户或单位所在地社区集体户的，申请人凭《在职情况说明》或劳动合同等材料提交落户申请。

同时，南京市公安局还开通了"我的南京"APP、南京公安"微警务"网上人才落户申请通道，申请人可以直接网上提交申请，全程网办准迁证事宜，真正实现"一网办、不见面、最多跑一次"的"不见面"审批模式。

（四）武汉市引进高校毕业生政策

2017年，武汉市提出"百万大学生留汉创业就业计划"，连续出台政策重点解决落户、住房、收入三大问题，力争5年内将100万大学生留在武汉。

（1）凭毕业证落户，落户与就业创业政策"全脱钩"。留汉大学毕业生（本专科学历）年龄不满40周岁的，可凭毕业证申请登记为武汉市常住户口，硕士研究生、博士研究生不受年龄限制。

（2）建设大学毕业生保障性住房，让大学毕业生以低于市场价20%买到安居房、以低于市场价20%租到租赁房（如属于合租的可低于市场价的30%）。申请购买安居房的条件是：毕业5年内的大学生，拥有武汉市户籍，在武汉市创业就业满1年，家庭（未婚大学毕业生的家庭指本人及父母；已婚大学毕业生的家庭是指大学毕业生本人、配偶及子女，不含父母）在武汉市无自有住房，且3年内无住房交易记录的，可申请购买1套大学毕业生安居房。申请租赁房的条件是：毕业3年内的大学生，拥有武汉市户籍，家庭在武汉市无自有住房的，可申请大学毕业生租赁房。

（3）制定武汉市大学毕业生指导性最低年薪标准：大学专科生4万元、大学本科生5万元、硕士研究生6万元、博士研究生8万元。指导性最低年薪标准适用对象：在武汉地区初次就业，与用人单位签订劳动合同的大学专科生、大学本科生、硕士研究生和博士研究生。

附录二

就业相关政策

一、国家就业相关政策

（1）《国务院关于印发"十四五"就业促进规划的通知》（国发〔2021〕14号）

（2）《中共中央组织部 人力资源社会保障部等十部门关于实施第四轮高校毕业生"三支一扶"计划的通知》（人社部发〔2021〕32号）

（3）《国务院办公厅关于支持多渠道灵活就业的意见》（国办发〔2020〕27号）

（4）《国务院关于进一步做好稳就业工作的意见》（国发〔2019〕28号）

（5）《财政部 税务总局 人力资源社会保障部 国务院扶贫办关于进一步支持和促进重点群体创业就业有关税收政策的通知》（财税〔2019〕22号）

（6）《卫生健康委 中央编办 发展改革委 教育部 财政部 人力资源社会保障部 中医药局关于做好农村订单定向免费培养医学生就业安置和履约管理工作的通知》（国卫科教发〔2019〕56号）

（7）《国务院关于做好当前和今后一个时期促进就业工作的若干意见》（国发〔2018〕39号）

（8）《中共中央办公厅 国务院办公厅印发〈关于进一步引导和鼓励高校毕业生到基层工作的意见〉的通知》（中办发〔2016〕79号）

（9）《国务院关于进一步做好新形势下就业创业工作的意见》（国发〔2015〕23号）

（10）《财政部 教育部关于印发〈高等学校毕业生学费和国家助学贷款代偿暂行办法〉的通知》（财教〔2009〕15号）

二、各省市主要就业政策

（一）长三角地区毕业生就业政策

（1）上海：《上海市人民政府关于进一步做好稳就业促发展工作的实施意见》（沪府规〔2020〕10号）

（2）浙江：《浙江省人民政府关于做好当前和今后一段时期就业创业工作的实施意见》（浙政发〔2017〕41号）

（3）杭州：《杭州市人民政府关于做好当前和今后一个时期促进就业工作的实施意见》（杭政函〔2019〕19号）

（4）宁波：《宁波市人民政府办公厅关于进一步做好稳就业工作的实施意见》（甬政办发〔2020〕41号）

（5）温州：《温州市人民政府关于做好全市新时期就业创业工作的实施意见》（温政发〔2018〕21号）

（6）嘉兴：《嘉兴市人民政府关于做好当前和今后一段时期就业创业工作的实施意见》（嘉政发〔2018〕29号）

（7）南京：《中共南京市委办公厅 南京市人民政府办公厅印发〈关于支持促进高校毕业生在宁就业创业的十项措施〉的通知》（厅字〔2020〕18号）

（8）常州：《市政府办公室关于促进高校毕业生在常就业创业若干措施的通知》（常政办发〔2020〕53号）

（9）无锡：《无锡市人民政府印发关于促进高校毕业生来锡就业创业的若干措施的通知》（锡政发〔2020〕12号）

 （10）南通：中共南通市委 南通市人民政府 印发《关于实施高层次双创人才倍增计划 推动高质量发展的若干政策意见》等文件的通知（通委发〔2019〕12号）

（11）连云港：《市政府关于做好当前和今后一个时期促进就业工作的实施意见》（连政发〔2019〕13号）

 （12）盐城：《盐城市人民政府关于做好当前和今后一个时期促进就业工作的实施意见》(盐政发〔2019〕17号）

（13）合肥：《印发〈关于促进我省高校毕业生就业创业工作的若干措施〉的通知》（皖教秘学〔2021〕11号）

（二）粤港澳大湾区毕业生就业政策

（1）广州：《广州市人民政府转发广东省人民政府关于印发广东省进一步稳定和促进就业若干政策措施的通知》（穗府规〔2020〕3号）

（2）深圳：《深圳市人民政府关于印发深圳市进一步稳定和促进就业若干政策措施的通知》(深府规〔2020〕5号）

（三）"一带一路"经济圈毕业生就业政策

（1）新疆：《关于印发〈新疆维吾尔自治区关于进一步做好稳就业工作的实施意见〉的通知》（新政发〔2020〕16号）

（2）重庆：《重庆市人力资源和社会保障局 重庆市财政局关于调整高校毕业生就业见习政策有关事宜的通知》（渝人社发〔2018〕96号）

（3）陕西：《陕西省人民政府办公厅关于开展促进高校毕业生就业创业十大行动的通知》（陕政办发〔2020〕12号）

（4）沈阳：《沈阳市人民政府关于进一步强化稳就业举措的实施意见》（沈政发〔2020〕13号）

（5）海南：《海南省人力资源和社会保障厅等七部门关于印发吸引留住高校毕业生建设海南自由贸易港的若干政策措施的通知》（琼人社发〔2020〕119号）

（四）其他省市毕业生就业政策

（1）石家庄：《河北省就业工作领导小组关于促进2020届河北省高校毕业生就业创业的若干政策措施》（冀就字〔2020〕2号）

（2）郑州：《河南省人民政府办公厅关于应对新冠肺炎疫情影响做好2020年高校毕业生就业工作的通知》（豫政办〔2020〕15号）

（3）成都：《成都市促进2020年高校毕业生就业创业十条措施》（成人社发〔2020〕18号）

（4）湖北：《省人民政府办公厅印发关于应对新冠肺炎疫情影响全力以赴做好稳就业工作若干措施的通知》（鄂政办发〔2020〕10号）

（5）长沙：《长沙市人民政府关于做好促进就业工作的实施意见》（长政发〔2019〕3号）

（6）济南：《关于进一步做好2020年高校毕业生就业工作的通知》（济人社发〔2020〕12号）

（7）徐州：《市政府关于做好当前和今后一个时期促进就业工作的实施意见》（徐政发〔2019〕3号）

附录三

主要表格样式（样张）

一、上海高校毕业生打印报到证申请表

20＿＿年上海高校毕业生打印报到证申请表

姓名		性别		身份证号		
学历		1. 研究生（博士、硕士） 2. 本科 3. 专科 4. 高职				
学校名称				专业名称		
毕业情况		1. 毕业 2. 结业		毕业时间 年/月		生源所在地 （省）
用人单位名称						
用人单位 信息登记号				非上海生源进沪 户籍审批批复号		
申请理由		1. 首次办理 2. 违约/改派 3. 丢失补打（请附报到证遗失情况证明表） 4. 错误重打（请学校在备注栏里说明、盖章） 5. 报到证已打印证明				
学校就业 部门意见		经办人签字： 盖章： 经办日期： 　　年　月　日		市学生事务 中心意见		经办人签字： 盖章：
回生源地（省、市） 打印名称						
备　注						

注意事项：

一、上海高校毕业生首次办理报到证：

1. 出具此申请表（学校就业工作部门盖章）。

2. 出具协议书原件（学校就业工作部门和单位盖好章，需有单位组织机构代码，上海单位还需有信息登记号）。

3. 如是上海生源，要出具其为上海生源的有效证明，如身份证、户口簿、户籍证明等；如是非上海生源并获得上海市户籍批复的，要出具本人的"关于同意非上海生源高校毕业生办理本市户籍的通知"。

4. 博士生要出具毕业证书原件或答辩决议书（如复印件需学校就业工作部门盖章）。

5. 非应届毕业生要出具毕业证书原件（如复印件需学校就业工作部门盖章）。

二、上海高校毕业生改派/违约办理报到证：

1. 出具此申请表（学校就业工作部门盖章）。

2. 出具新单位协议书原件（学校就业工作部门和单位盖好章，需有单位组织机构代码，上海单位还需有信息登记号）。

3. 出具原报到证（上下两联）及与原单位解除协议证明。

4. 如是上海生源，要出具其为上海生源的有效证明，如身份证、户口簿、户籍证明等。

报到证办理地点：上海市学生事务中心；地址：徐汇区冠生园路401号。

二、报到证遗失情况证明表

20＿＿年报到证遗失情况证明表

姓名		性别		身份证号	
学校名称				专业名称	
学历		毕业时间 年/月		手机号	
原报到证 遗失情况	☐ 上半联遗失　　☐ 下半联遗失　　☐ 上、下半联均遗失				
原报到单位 证明情况	单位名称				
	经办人签字： （单位盖章） 　　　　　日期：　　年　月　日				
学校意见	经办人签字： （单位盖章） 　　　　　日期：　　年　月　日				
市学生事务 中心意见	经办人签字： （单位盖章） 　　　　　日期：　　年　月　日				
备注					

三、毕业生生源上报确认表

20＿＿年毕业生生源上报确认表

学校名称：　　　　　　　　　　　　填表人：

全日制类别	学历	毕业季节		培养方式			总计毕业生人数
		春季	秋季	非定向	定向		
全日制	博士						
非全日制	博士						
全日制	硕士						
非全日制	硕士						
全日制	本科						
全日制	专科						
全日制	高职						
总计毕业生人数							

校毕业生就业主管部门（盖章）

负责人签字：

日期：

四、毕业生信息勘误确认表

20＿＿年毕业生信息勘误确认表

序 号	学 号	姓 名	错误内容	错误信息	错误原因	正确信息
备注						

校毕业生就业主管部门（盖章）

负责人签字：

日期：

五、上海高校毕业生、毕业研究生就业协议书

（样张）

六、高校毕业生就业报到证和通知书

（一）本专科生就业报到证和通知书

（样张）　　　　　　　　　　　　　（样张）

本专科生就业报到证（正面）　　　　本专科生就业报到证（反面）

（样张）　　　　　　　　　　　　　（样张）

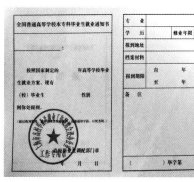

本专科生就业通知书（正面）　　　　本专科生就业通知书（反面）

（二）研究生就业报到证和通知书

（样张） （样张）

研究生就业报到证（正面） 研究生就业报到证（反面）

（样张） （样张）

 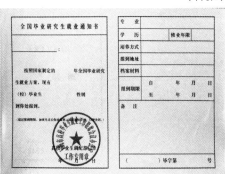

研究生就业通知书（正面） 研究生就业通知书（反面）

七、户口迁移证

（样张）

户口迁移证存根

迁字第　　　　号

姓名	性别	公民身份证件编号

迁移原因	
原住址	
迁往地址	
本证　　年　月　日　签发	
至　　年　月　日　有效	
备注	
承办人签名盖章	

中华人民共和国公安部治安管理局监制

2006年印制

迁字第　　　　号

1 2 3 4

户口迁移证

迁字第　　　　号

户主或与户主关系				
姓名				
曾用名				
性别				
民族				
出生日期	年　月　日	年　月　日	年　月　日	年　月　日
出生地				
籍贯				
文化程度				
职业				
婚姻状况				
公民身份证件编号				
迁移原因				
原住址				
迁往地址				
备注				

注：此证仅作居民迁移户口的证明，不准涂改、转借，遗失须立即报告当地户口登记机关，持证人到达迁入地后，将此证交给户口登记机关，申报户口。

本证　　年　月　日签发

至　　年　月　日有效

中华人民共和国公安部治安管理局监制

2006年印制

八、调档函

（样张）

调 档 函

梧州人才[2021]DW0112号

上海大学档案馆：

  原你单位存档人员____同志，身份证号：_____ 现已在我单位办理人事档案托管手续，请将其人事档案材料收集齐全转递我处，以便按规定进行管理。

  档案托管人员联系电话：18817291361

梧州市人力资源服务中心
2021年04月19日

证明ID:156726　　（有效期：2021年04月19日-2021年07月19日）

防伪提示：可使用微信"扫一扫"后点击"…"，查看浏览器地址栏中的域名是否与"xt.gxcda.com一致。"

收件地址：梧州市西堤三路11号
收件人：梧州市人力资源服务中心
电话：0774-3817998　　邮编：543002

提示：
1. 根据《关于进一步加强流动人员人事档案管理服务工作的通知》（人社部发〔2014〕90号）文件要求，"转递档案时应严密包封并填写档案转递通知单，通过机要交通或派专人送取，严禁个人自带档案转递。"
2. 根据《关于高校毕业生档案转递有关事项的通知》（教学厅函〔2015〕39号）文件要求，"已与国家邮政部门签署协议的高校，毕业生档案可采用'邮政EMS标准快递'形式转递。转递时档案材料要用统一的信封封装后，再装入专门制作有'高校学生档案专用'标志的统一封套，在封套表面认真填写寄出单位和寄往单位信息，并在封口处加盖寄出单位骑缝章。"
3. 根据《关于进一步做好流动人员人事档案接收工作有关事项的通知》（桂人社办函〔2015〕40号）文件要求，"转出档案时，仍沿用机要通信渠道。转递的档案资料必须收集齐全、整理规范，密封严实。为明晰转接双方责任，档案内必须附上编制好的档案目录或材料清单，档案转递回执单。"

  重要提示：请将左下角剪下贴于档案袋封面，否则一律退档，谢谢配合！

姓名：_____

梧州人才[2021]DW0112号

（样张）

中国电子科技集团公司第五十五研究所

调 档 函

<u>上海大学档案馆</u>：

兹有_____同志（身份证号：_____）系我所（中国电子科技集团公司第五十五研究所）录用人员，经研究拟将该同志全部档案调到我单位，请给予方便。

地址：南京市秦淮区中山东路524号55所人力资源部档案室收；

接收人：

电话：025-86858078

邮编：210001。

中国电子科技集团公司第五十五研究所
人力资源部
2021年6月9日

一、各地高校毕业生就业信息网站

（1）北京市人力资源和社会保障局　　rsj.beijing.gov.cn

（2）北京毕业生就业创业服务平台
　　　　fuwu.rsj.beijing.gov.cn/bjdkhy/bysjycy/

（3）北京高校大学生就业创业信息网　　www.bjbys.net.cn

（4）北京人才工作　　www.bjrcgz.gov.cn

（5）天津市人力资源和社会保障局　　hrss.tj.gov.cn

（6）天津市大学生就业创业信息网　　www.tjbys.com

（7）北方人才工作　　www.tjrc.com.cn

（8）河北省人力资源和社会保障厅　　rst.hebei.gov.cn

（9）河北公共招聘网　　rst.hebei.gov.cn/ggzp/

（10）河北人才网　　www.hbrc.com.cn

（11）河北省大中专毕业生就业创业服务信息网　　www.hbxsw.org

（12）山西省人力资源和社会保障厅　　rst.shanxi.gov.cn

（13）山西人才网　　www.sjrc.com.cn

（14）山西毕业生网　　www.sxbys.com.cn

（15）内蒙古自治区人力资源和社会保障厅　　rst.nmg.gov.cn

（16）内蒙古人才网　　www.nmrc.com.cn

（17）北疆就业网　　www.nmbys.cn

（18）辽宁省人力资源和社会保障厅　　rst.ln.gov.cn

（19）辽宁省就业人才服务网　　www.lnjyw.net.cn

（20）吉林省人力资源和社会保障厅　　hrss.jl.gov.cn

（21）吉林人才网　　www.jlrc.com.cn

（22）吉林省高等学校毕业生就业信息网　　www.jilinjobs.cn

（23）黑龙江省人力资源和社会保障厅　　hrss.hlj.gov.cn

（24）黑龙江省大学生就业创业服务平台　　www.hljbys.org.cn

（25）上海市人力资源和社会保障局　　rsj.sh.gov.cn

（26）上海公共招聘　　jobs.rsj.sh.gov.cn

（27）上海人才服务网　　www.shrc.com.cn

（28）上海学生就业创业服务网　　www.firstjob.shec.edu.cn

（29）江苏省人力资源和社会保障厅　　jshrss.jiangsu.gov.cn

（30）江苏省智慧就业云平台　　www.js365job.com

（31）浙江省人力资源和社会保障厅　　rlsbt.zj.gov.cn

（32）浙江省人力资源网　　www.zjhr.com

（33）浙江省大学生网上就业市场　　www.ejobmart.cn

（34）安徽省人力资源和社会保障厅　　hrss.ah.gov.cn

（35）安徽人才网　　www.ahrcw.com

（36）安徽省大中专毕业生就业信息网　　www.ahbys.com

（37）福建省人力资源和社会保障厅　　rst.fujian.gov.cn

（38）福建省毕业生就业创业公共服务网　　220.160.52.58

（39）江西省人力资源和社会保障厅　　rst.jiangxi.gov.cn

（40）江西人才服务网　　www.jxsrl.com　　www.jxrcfw.com

（41）江西人才人事网　　www.jxrcw.com

（42）江西省高等院校毕业生就业工作办公室　　www.jxjob.net

（43）山东省人力资源和社会保障厅　　hrss.shandong.gov.cn

（44）山东高校毕业生就业信息网　　www.sdgxbys.cn

（45）山东人才网　　www.sdrc.com.cn

（46）河南省人力资源和社会保障厅　　hrss.henan.gov.cn

（47）中原人才网　　www.zyrc.com.cn

（48）河南省毕业生就业信息网　　www.yun.hnbys.haedu.gov.cn

（49）湖北省人力资源和社会保障厅　　rst.hubei.gov.cn

（50）湖北人才网　　www.jobhb.com

（51）湖北毕业生就业网　　www.hbbys.com.cn

（52）湖南省人力资源和社会保障厅　　rst.hunan.gov.cn

（53）湖南人才网　　www.hnrcsc.com

（54）湖南省大学生就业创业网　　www.hunbys.net

（55）广东省人力资源和社会保障厅　　hrss.gd.gov.cn

（56）广东省人才市场　　www.gdrc.com

（57）广东学生就业创业网　　job.gd.gov.cn

（58）广西壮族自治区人力资源和社会保障厅　　rst.gxzf.gov.cn

（59）广西人才网　　www.gxrc.com

（60）中国广西人才市场人事档案网　　www.gxrcda.com

（61）广西毕业生就业网　　www.gxbys.com

（62）海南省人力资源和社会保障厅　　hrss.hainan.gov.cn

（63）海南人才招聘网　　www.hnrczpw.com

（64）海南省公共招聘网　　zhaopin.hainan.gov.cn

（65）重庆市人力资源和社会保障局　　rlsbj.cq.gov.cn

（66）重庆高校毕业生就业信息网　　www.cqbys.com

（67）重庆人才网　　www.cqrc.net

（68）四川省人力资源和社会保障厅　　rst.sc.gov.cn

（69）四川人才网　　www.scrc168.com

（70）四川省大学生信息咨询与就业创业服务网　　jyzdzx.scedu.net

（71）贵州省人力资源和社会保障厅　　rst.guizhou.gov.cn

（72）贵州人才信息网　　www.gzrc.com.cn

（73）贵州省普通高等学校毕业生就业工作办公室
www.gzsjyzx.com

（74）云南人力资源和社会保障网　hrss.yn.gov.cn

（75）云南公共就业服务网　jyj.yn.gov.cn

（76）云南人才网　www.ynhr.com

（77）西藏自治区人力资源和社会保障厅　hrss.xizang.gov.cn

（78）西藏自治区大中专学生就业创业信息网　jyzd.xzeduc.cn

（79）陕西省人力资源和社会保障厅　rst.shaanxi.gov.cn

（80）陕西人才公共服务网　www.snhrm.com

（81）陕西省高校毕业生就业网　jyweb.sneducloud.com

（82）甘肃省人力资源和社会保障厅　rst.gansu.gov.cn

（83）西北人才网　www.xbrc.com.cn

（84）甘肃省大学生就业创业信息平台　jiuye.gsedu.cn

（85）青海省人力资源和社会保障厅　rst.qinghai.gov.cn

（86）青海公共就业招聘服务平台
rst.qinghai.gov.cn/qhrst/index/qhrs/talant/index.jspx

（87）宁夏人力资源和社会保障厅　hrss.nx.gov.cn

（88）宁夏公共招聘网　www.nxjob.cn

（89）宁夏人才网　www.nxrcw.com

（90）新疆维吾尔自治区人力资源和社会保障厅　rst.xinjiang.gov.cn

（91）新疆生产建设兵团人力资源和社会保障局　rsj.xjbt.gov.cn

（92）新疆人才匹配网　www.xjrc.com

（93）兵团公共就业和人才服务局　jyfw.xjbt.gov.cn

二、部分综合类招聘网站

（一）综合类招聘网站

（1）新职业　www.ncss.cn

（2）国聘　www.iguopin.com

（3）中智招聘　zhaopin.ciic.com.cn

（4）中华英才网　www.chinahr.com

（5）智联招聘　www.zhaopin.com

（6）前程无忧　www.51job.com

（7）猎聘　campus.liepin.com

（8）BOSS 直聘　www.zhipin.com

（二）应届高校毕业生招聘网站

（1）应届毕业生网　www.yjbys.com

（2）应届生求职网　www.yingjiesheng.com

（3）梧桐果　www.wutongguo.com

（4）海投网　www.haitou.cc

（5）校联人才网　www.job9151.com

（三）行业性招聘网站

（1）上海教育人才　shehr.shec.edu.cn

（2）国家体育总局人力资源开发中心　www.tyrc.org.cn

（3）拉勾网　www.lagou.com

（4）51 金融圈　www.51jrq.com

（5）服装人才网　www.cfw.cn

（6）麟越医生速聘　www.9453job.com

（7）船舶人才网　www.myshipjob.com

（8）中国汽车人才网　www.qcrencai.com

（9）线缆招聘网　www.cabhr.com

（10）测绘人才网　job.cehui8.com

（11）一览英才网　www.job1001.com

（12）卫人就业网　www.weirenjob.com

（13）军队人才网　81rc.81.cn

附录五

上海市学生事务中心简介

上海市学生事务中心（上海市高校毕业生就业指导中心、上海市学生资助管理中心）在上海市教育委员会领导下，将以"卓越、协同、开拓、进取"的精神、提供"热情、周到、规范、高效"的服务，发展成为集学籍学历、学生资助、就业指导等相关事务、信息资讯、研究工作等职能于一体的公益性教育咨询服务机构。

上海学生就业创业服务网（www.firstjob.shec.edu.cn）是由上海市学生事务中心主办，围绕上海教育"为了每一个学生的终身发展"理念，遵循"学生为本、服务为先"的原则，利用网络技术围绕毕业生和用人单位

的需要，发挥教育行业资源优势，开展多种服务，带动行业、学校提升就业指导服务水平。平台的基本定位是政府主办、以市场需求为导向的公共服务平台。服务网为用人单位与毕业生之间搭建官方供需平台，开展高等教育学历、学位认证（鉴定）服务工作，同时也是非上海生源应届普通高校毕业生进沪就业受理工作的指定网站。

咨询电话：021-64829191

地址：上海市徐汇区冠生园路 401 号

微信公众号：上海学生事务

SHANGHAISHI GAOXIAO BIYESHENG
JIUYE ZHIDAO
SHIWU SHOUCE

2021

定价：55.00元